KOHLHAMMER
*PIRATEN*
ZU KLAMPEN

Siegfried Kohlhammer, geboren 1944, studierte Germanistik, Philosophie und Romanistik. Lange Jahre lebte er in Japan, 2018 kehrte er nach Deutschland zurück und lebt seitdem in Berlin. Er arbeitet als Autor und Übersetzer. Seine Texte sind vor allem in der Zeitschrift »Merkur« veröffentlicht worden. Als Buch ist bei zu Klampen zuletzt erschienen: »Islam und Toleranz. Von angenehmen Märchen und unangenehmen Tatsachen« (2011).

SIEGFRIED KOHLHAMMER

# *Piraten*

Vom Seeräuber zum Sozialrevolutionär

zu Klampen

# Inhalt

»Now and then we had a hope that if we lived and were good,
God would permit us to be pirates.«

*Mark Twain,* Life on the Mississippi

# *Vorwort*

Die Piraterie gehört mit anderen Formen des organisierten Verbrechens neben Kriegen und Sklaverei, Tyrannei und Anarchie, Seuchen und Hungersnöten zu den Geißeln der Menschheit von alters her. Sie gilt als »das zweitälteste Gewerbe der Welt«. Einem alten malayischen Sprichwort zufolge diente das erste Schiff, das jemals gebaut wurde, dem Fischfang, während der Zweck des zweiten darin bestand, das erste seines Fangs zu berauben.

Mit der Entstehung des friedlichen Handels, der Rechtsprechung, des Staates wird die vorzivilisatorische Achtung und Verehrung der gewaltsamen *heroischen* Aneignung von Eigentum abgelöst von einer entschiedenen Verdammung der Piraten als *communis hostis omnium*.

Seit dem Ende des Mittelalters und mit der Frühen Neuzeit jedoch, ihrem Wertewandel und ihren säkularistischen Utopien, beginnt ein Umdenken, ein ideologischer Wandel, der sich bereits um 1700 in den beiden wichtigsten Quellen zur Geschichte der Piraterie in der westlichen Welt: Exquemelins »De Americansche Zee-Roovers« und Captain Johnsons »A General History of the Robberies and Murders of the Most Notorious Pyrates« andeutet. Neben der obligaten traditionellen Verdammung des Seeraubs und der damit einhergehenden Untaten erfolgt eine Aufwertung der Piraten im Kontext und auf Grundlage frühneuzeitlichen und aufklärerischen Denkens und Wollens, die deren republikanische, demokratische, egalitäre, sozialfürsorgerische Seite beschreibt und hervorhebt – oder behauptet. Daneben findet sich bald eine Romantisierung auch im Bereich fiktiver Literatur.

Mit den tiefgreifenden ideologischen Veränderungen der sechziger Jahre des vorigen Jahrhunderts und unter dem Einfluss von Hobsbawms »Sozialbanditen« kommt es dann auf seiten der Linken – auch im Bereich der Geschichtsschreibung – zu einer weitergehenden und umfassenderen Rehabilitierung der Piraten als Fortschrittsmänner, die wahlweise als Vorläufer und Vorkämpfer des Industrieproletariats, der Arbeiterbewegung, der Sklavenbefreiung und des Feminismus, als libertäre demokratische Selbstregierer, Vertreter eines hedonistischen Anarchismus (Dionysiker) etc. figurieren: kurzum als Utopie der befreiten Menschheit. Und im Namen dieser Idealisierungen und Verklärungen wurden all die Untaten, Verbrechen und Grausamkeiten der Piraten nicht notwendig geleugnet, aber hintangestellt, rationalisiert oder gar zu Tugenden verklärt.

Die Piraterie wird zur Projektionsfläche, die schwarze Piratenflagge zum Symbol diffuser utopischer Hoffnungen und Tagträume, deren Tenor die Gleichheit ist, und zwar die materielle, die absolute Gleichverteilung allen Wohlstands. Sie wird zur Flagge des Egalitarismus – Gleichheit als Ziel der Gerechtigkeit, als moralischer Selbstzweck oder Eigenwert.[1]

Es ist verstörend zu sehen, wie grundlegende Werte abhanden kommen, wenn es um Gleichheit – *Güter*gleichheit, gerechtes (= gleiches) Teilen – geht (auch wenn es sich um Raubgut handelt), in deren Namen Eigentumsrechte missachtet werden und das Recht auf die körperliche Unversehrtheit und das Leben der Eigentümer, der Kaufleute und Händler, ihrer Seeleute und Passagiere, denen gegenüber alles gerechtfertigt ist, auch brutalste Gewaltsamkeit und Folter.

Anders gesagt: Dass die piratophile Sicht diese Verbrecher zur Verehrung und Nachahmung anpreist, ja dass die piratische Kriminalität – da angeblich gegen die Erzübel Staat, Nation und Kapitalismus gerichtet – als Garant der Fortschrittlichkeit gilt, zeugt von einer gewissen moralischen (und intellektuellen) Unzulänglichkeit.[2]

Gegen diese verquere Sichtweise wollen die folgenden Seiten argumentieren und polemisieren, zu Nutz und Frommen wie auch zur Kurzweil des interessierten Lesers. Die Übersetzungen der Zitate aus fremdsprachigen Publikationen stammen, wenn nicht anderweitig vermerkt, von mir.

# Piraterie in der antiken Welt

Zu den bezauberndsten Kunstwerken der griechischen Antike gehört die Dionysos-Schale (Trinkschale) des athenischen Töpfers und Vasenmalers Exekias: Sie zeigt den Gott gelassen hingelagert in einem von Delphinen umspielten Schiff, das weiße Segel elegant gebläht, als glitte das Schiff von aller Erdenschwere befreit über die Fluten dahin. Dem Mastbaum entsprießen Weinreben, deren Blätter und Trauben ein breites laubenartiges Dach über dem Schiffe bilden.

»Schöne Welt, wo bist du? – Kehre wieder, / holdes Blüthenalter der Natur! / Ach! Nur in dem Feenland der Lieder / lebt noch deine goldne Spur.« klagte Schiller in »Die Götter Griechenlands«.

Aber der auf der Schale abgebildete Mythos – er wird im Dionysos-Hymnus (Hymne 7) der Homerischen Hymnen erzählt – handelt von der *Rache* des Dionysos, von der *Piraterie* als einer der steten Heimsuchungen und dunklen Drohungen der mittelmeerischen Welt: »die fast ständige Bedrohung durch Piraterie«, wie es David Abulafia in seiner Geschichte des Mittelmeers formuliert.[1] Die Delphine auf der Schale sind von Dionysos verwandelte Piraten. Sie hatten ihn am Strande gefangengenommen, wo er »ganz gleich einem jüngeren Manne« gestanden hatte, und hofften nun auf reiches Lösegeld, hielten sie ihn doch »für einen Sohn von zeusgenährten Königen«. Aber bald nachdem das Schiff abgelegt hatte, geschahen seltsame Dinge: »Wein zuerst überströmte das schwarze Schiff, das geschwinde, / lieblich süß, wohlriechend«; dann entfalten sich der Weinstock und andere Pflanzen und Früchte – schließlich verwandelt sich der Gott in einen brüllenden und reißenden Löwen und erschafft noch eine

Bärin – in panischem Schrecken springen die Piraten »hinab in die göttliche Salzflut, / in Delphine verwandelt.«

In der geschichtlichen Realität war es anders: Da verursachten die Piraten panischen Schrecken, Entsetzen und Flucht: In der Einleitung zu seinem »Piracy in the Graeco-Roman World« spricht der britische Historiker Philip de Souza von der in jener Welt verbreiteten »Todesangst vor einem plötzlichen Überfall der Piraten und der Panik und dem Leiden, die damit meist einhergingen. Mord, Plünderung und Entführung durch die vom Meer herkommenden Gewalttäter waren gewohnte Schrecken für viele Bewohner des Mittelmeerraums in der Antike. In den erhaltenen historischen Dokumenten finden sich zahlreiche Beispiele für Angriffe der Piraten an Land und zur See. Von den Gedichten Homers bis zu den Werken des heiligen Augustinus waren Piraten und Piraterie ein stets wiederkehrendes Motiv der antiken Literatur.«

Verhängnisvoller noch als die Raubzüge zur See waren laut einem weiteren Standardwerk zum Thema, Henry A. Ormerods »Piracy in the Ancient World«, die Raubzüge an Land mit den ständigen Entführungen. »Das erregte die meiste Furcht und übte die nachhaltigste Wirkung auf das Leben am Mittelmeer aus.«[2]

In »The Rape of Troy« schreibt Jonathan Gottschall: »In schnellen Booten mit geringem Tiefgang rudert man an die Strände, und die Siedlungen am Meer werden gebrandschatzt (…) Die Männer werden in der Regel getötet, Vieh und andere transportable Wertgegenstände werden geplündert, und die Frauen werden mitgenommen; sie müssen unter den Siegern leben und ihnen sexuelle und niedere Dienste leisten. Die Männer lebten zu Homers Zeiten mit der Möglichkeit eines gewaltsamen Todes; die Frauen hatten ständig Angst um ihre Männer und Kinder und fürchteten sich vor den Segeln am Horizont, die unter Umständen ein neues Leben voller Vergewaltigungen und Sklaverei ankündigten.«[3]

Ormerod erinnert daran, dass Piraterie jahrhundertelang zur Lebenswirklichkeit des Mittelmeerraums gehörte und deshalb großen Einfluss auf das Leben in der antiken Welt ausübte. Und das gilt ebenso für die anderthalb Jahrtausende nach dem Ende des Römischen Reiches.[4]

Es ist sinnvoll, sich zu vergegenwärtigen, dass Piraterie von den Anfängen bis heute – und offenbar überall auf der Welt – ein *amphibisches* Phänomen war. »Tatsächlich könnte man Piraten weniger als rein maritime Figuren, sondern eher als ›amphibische Wesen‹ ansprechen. Das gilt ebenfalls für die Frühe Neuzeit. Zum Beispiel nutzten die Karibikpiraten im 16. und 17. Jahrhundert geographisch Land und Meer gleichermaßen.«[5] Ihre Beute und ihre Opfer fanden die Piraten von jeher – und zu manchen Zeiten in erster Linie – auf dem Land, an den Küsten und in den Häfen, Dörfern und Städten, oft weit hinein ins Inland. Das gilt um so mehr, je weiter man historisch zurückgeht, einfach weil der Umfang des Seehandels damals so viel geringer war.

Das alte englische Recht trug der Realität insofern Rechnung, als es von »Piraterie zu Wasser oder zu Lande« sprach, später differenzierter formuliert: »eine auf dem offenen Meer oder herrenlosem Land oder auf dem Territorium eines Staates durch einen Angriff von See her von einer Vereinigung von Männern begangene Gewalttat, die unabhängig von jeder politisch organisierten Gesellschaft handeln.« Der französische Althistoriker Yvon Garlan schreibt in bezug auf die Antike: »Wollte man Piraterie (auf dem Meere) von Banditentum (zu Lande) trennen, so hieße das die Einheit ein und desselben geschichtlichen Phänomens zu zerstören – ( ... ) denn diese beiden Arten räuberischer Unternehmungen waren im konkreten Fall schwer zu unterscheiden, da die antike Piraterie im allgemeinen eher in Küstennähe denn auf hoher See praktiziert wurde.«[6] Und das gilt bis in die Gegenwart; auch die Herausgeber von »Pirates, Ports, and Coasts in Asia« sehen sich genötigt, »Aktivitäten« wie »den Überfall auf Küstensiedlungen, deren Zerstörung und Plünderung und die Gefangennahme der Einwohner« als »Akte der Piraterie« zu bezeichnen, um der Realität gerecht zu werden. Ikurya Tokoro schreibt dort, dass »zur Piraterie im heutigen Sulu auch Angriffe auf Küstendörfer, -städte und andere Küstenanlagen etc. gehören (…) diese Überfälle auf Küstengebiete waren traditionell die am weitesten verbreiteten Aktivitäten in diesem Teil des maritimen Südostasiens seit vorkolonialer Zeit.«[7]

Noch heute weisen die Küsten des Mittelmeers die Spuren der ständigen Überfälle der Piraten auf. Thukydides schon betonte, dass die ältesten bewohnten Orte sowohl auf dem Festland wie auf den Inseln der Piraterie wegen von der Küste entfernt lagen. Man denke nur an die erste Siedlung auf dem Hügel von Knossos, vier Meilen vom Meer entfernt, oder das frühe Athen auf der binnenländischen Akropolis und die erste Siedlung auf dem Akrokorinth. Was Thukydides für das frühe Griechenland festgestellt hatte, gilt für den gesamten Mittelmeerraum. Bis zur Mitte des 19. Jahrhunderts war es normal, dass sich die wichtigsten Städte und Dörfer in einiger Entfernung vom Meer und oft außer dessen Sichtweite befanden.[8] Die uralten Nuraghen Sardiniens sollen auch dem Schutz vor Piraten gedient haben und die ersten Bewohner Siziliens sich aus eben diesem Grund auf steilen felsigen Erhebungen angesiedelt haben.

In der Antike erreichte diese Bedrohung von Küsten und Binnenland mit den kilikischen Piraten ihren Höhepunkt. Plutarch nennt dreizehn Heiligtümer, die in der ersten Hälfte des ersten Jahrhunderts v. Chr. geplündert wurden. Ihm zufolge betrug die Zahl der Seeräuberschiffe damals über tausend, die Zahl der von den Piraten eroberten Städte vierhundert. Dio erzählt, wie die Räuber Häfen und ganze Städte ausplünderten und fast wie Nationen organisiert waren. Cicero beklagt die Plünderung heiliger Stätten in Knidos, Kolophon und Samos, die wiederholten Überfälle auf Sizilien, die Plünderung von Delos, Caieta, Misenum und sogar Ostia: »nunmehr mussten wir nicht nur auf die Provinzen und die Seeküsten Italiens und unsere Häfen, sondern sogar auf die appische Straße verzichten.«[9] Pompeius schaffte dann 67 v. Chr. auf der Grundlage von Notstandsgesetzen und enormem finanziellen und militärischen Aufwand das Problem aus der Welt. Einem modernen Kommentator zufolge setzte Rom damals das Äquivalent des halben Staatshaushaltes und der Hälfte der Streitkräfte der heutigen USA ein.

Nach dem Untergang des Römischen Reiches wurden nach den vandalischen die muslimischen Piraten zu Nachfolgern der kilikischen. Zunächst die arabischen »Sarazenen«, an die heute noch die *villages perchés* im Hinterland der Côte d'Azur erinnern, dann die Türken und die Korsaren der Barbareskenstaaten, die laut Salvatore Bono keine Küste verschonten und eine ständige Gefahr für die Küstenbewohner darstellten. »Noch heute erinnern zahlreiche steinerne Wehr- und Beobachtungstürme an den europäischen Mittelmeerküsten daran, wie groß die Bedrohung durch die muslimischen Korsaren war. Die meisten dieser Türme stammen aus dem 16. Jahrhundert. Manche wurden auf Vorgängerbauten errichtet, die schon im Mittelalter zum Schutz gegen die Sarazenen gedient hatten. Größere Städte suchten sich durch Bau und Verstärkung von befestigten Mauerringen und Befestigungsanlagen zu schützen. Bei diesen Maßnahmen war die Furcht vor Überfällen durch Korsaren oder einem Angriff der türkischen Flotte das Hauptmotiv.«[10] Auch die muslimischen Bewohner Nordafrikas und der Levante waren von – christlichen – Piraten und Korsaren bedroht wie etwa den Schiffen des Malteserordens. David Mitchell weist in seinem Buch »Pirates« darauf hin, dass die ständigen Überfälle dazu führten, dass Siedlungen aufgegeben,

Inseln evakuiert, Städte und Dörfer ins Binnenland verlegt und schwer befestigt wurden.[11]

In West- und Nordeuropa waren es zumal im neunten und zehnten Jahrhundert die Wikinger, die jahrhundertelang die Küsten plünderten und tief ins Land eindrangen. »Die Raubzüge der Wikinger waren im wesentlichen amphibische Operationen. Dänen und Norweger verheerten die Küsten Irlands, Englands, Schottlands, Frankreichs, Spaniens, Nordafrikas und Italiens. ( ... ) In den Kirchen und Klöstern Nordfrankreichs beteten die Menschen ›Vom Wüten der Nordmänner, Herr, erlöse uns‹.«[12] Anna Franchi schreibt in ihrer Universalgeschichte der Piraterie, dass die Meere Nordwesteuropas niemals frei von Piraten gewesen seien, »auch nicht nach der Befriedung der Wikinger«.[13]

In der Karibik wurden die spanischen Städte und Siedlungen zunächst von den Franzosen geplündert, dann von den englischen Freibeutern. »All die Dörfer und Städte, wo ich anlegte, verbrannte und plünderte ich«, prahlt Thomas Cavendish. Robert Bohn weist darauf hin, dass »die Seezüge der englischen Freibeuter« im 16. Jahrhundert »weniger gegen die spanische Schifffahrt selbst als gegen spanische Häfen in Westindien« gerichtet waren.[14] In der zweiten Hälfte des 17. Jahrhunderts dann kam es zu »monoton sich wiederholenden Plünderungen«. »Überfälle zu Land wurden zur Norm«, da der Erfolg der Piraten und Bukaniere die spanische Schiffahrt mit Ausnahme der jährlichen *flota* weitgehend von der Karibik fernhielt. »Immer wieder räumten die Spanier ihre Siedlungen, verbargen ihre Wertgegenstände, wurden gefoltert, um deren Aufbewahrungsort zu verraten ( ... ) Stets aufs neue bauten sie ihre Häuser mit geradezu heroischer Widerstandskraft wieder auf und gingen wieder ihren Alltagsgeschäften nach.«[15]

Bis ins 19. Jahrhundert – und mancherorts auch darüber hinaus – lebten die Menschen in weiten Teilen der Welt, und eben nicht nur die seefahrenden, sondern ebenso und mehr noch die in Küstennähe angesiedelten, unter der Drohung piratischer Überfälle und Raubzüge.[16] Das Bild aber des Piraten in der westlichen Kultur hatte sich grundlegend geändert.

»Mit dem Seeraub pflegen die Historiker zu wenig zu rechnen«, monierte 1893 Ulrich von Wilamowitz-Moellendorf. Davon kann heute angesichts der Flut von Veröffentlichungen zum Thema keine Rede mehr sein. Und auch die einschlägige wissenschaftliche Forschung ist so umfangreich und wird so intensiv betrieben wie nie zuvor. Michael Kempe fühlt sich genötigt, in der Einleitung zu seiner eindrucksvoll gelehrten und informativen Habilitationsschrift »Fluch der Weltmeere« (2010) zu erklären, dass Historiker, die sich mit der Geschichte der Piraterie beschäftigten, »in den Verdacht geraten« könnten, »sie würden einem modischen Trend aufsitzen«.[17] Dieser modische Trend entstand offenbar ganz unabhängig vom Wiederaufleben der Piraterie in den letzten Jahrzehnten (vor der Küste Somalias oder der Westküste Afrikas zum Beispiel): Piraten sind wieder sexy, und neben der wissenschaftlichen Forschung erlebten sie auch in der Populärkultur eine Renaissance: »der kulturelle Appetit auf Piraten ist enorm«, heißt es bei dem amerikanischen Historiker und Kapitän der dortigen Piratenforschung, Marcus Rediker. Die Piraten des sogenannten *Golden Age* – etwa 1685 bis 1725 – verloren zwar den Kampf gegen die Herrscher ihrer Tage, stellt Rediker bedauernd fest, aber »sie gewannen seitdem eindeutig die Debatte« (nicht zuletzt dank Autoren wie Rediker). »Sie kaperten das gute Schiff *Popular Imagination* und auch dreihundert Jahre später gibt es keine Anzeichen dafür, dass sie bereit sind, es herauszugeben.« So etwas nennt man *soft power*. »Sie wurden im Laufe der Jahre zu kulturellen Helden, Antihelden vielleicht, auf jeden Fall aber zu romantischen und wirkungsmächtigen Figuren einer amerikanischen und immer globaler werdenden Populärkultur.«[18]

Robert Bohn, Historiker und einer der besten Kenner der Materie, macht vor allem »das englische Schriftgut« der letzten Jahrhunderte dafür verantwortlich, ein »Bild vom Piratenwesen geliefert« zu haben, »das letztlich zu dessen mythischer Überhöhung führte«.[19] Generell ist unser Bild von Piraten in erstaunlichem Ausmaß anglophon bestimmt und vernachlässigt beispielsweise eklatant die Bedeutung der französischen oder holländischen Piraterie, von der in Asien ganz zu schweigen.

Die Romantisierung und Idealisierung des Piraten finden sich, wie oben erwähnt, ansatzweise schon in den beiden wichtigsten historischen Quellentexten: Alexandre Olivier Exquemelins »De Americaensche Zee-Rovers« / »Die amerikanischen Seeräuber von 1678« und mehr noch die lange Daniel Defoe zugeschriebene »A General History of the Robberies and Murders of the Most Notorious Pyrates« von 1724, die seitdem stets im Buchhandel erhältlich war. (Von beiden Werken später mehr.) Mit letzterem, meint Angus Konstam, hatte »der Mythos bereits begonnen, die Realität zu ersetzen«. Sein Historikerkollege B. R. Burg – der mit »Sodomy and the Pirate Tradition« Aufmerksamkeit erregte – stimmt dem zu: »Seit den Zeiten Defoes erlag fast jeder Autor zum Thema Piraterie, ob Forscher, faszinierter Berichterstatter oder Romancier, mehr oder minder romantischen Vorstellungen dazu.« Ein auf den Taten des erfolgreichen Piraten Henry Every (Avery) basierendes Stück, »The Successful Pyrate«, zog etwa zur selben Zeit die Zuschauer ins Londoner Drury Lane Theater, so dass »selbst als der letzte der Piraten des Golden Age noch auf freiem Fuße war, ihre Romantisierung bereits begonnen hatte«[20].

Die Prozesse gegen die Piraten und deren Hinrichtungen füllten die Seiten der britischen Presse und erhöhten die Auflage, was Konstams Ansicht nach zu einem geschönten positiven Piratenbild beitrug, das die brutale Realität des Piratenlebens unterschlug.[21] Kein Disney-Amusement-Park ohne »Pirates of the Caribbean«, die so erfolgreich waren, dass daraus noch erfolgreichere Videospiele und Filme wurden. In 31 US-Staaten gibt es heute *pirate festivals*, darunter ein viertägiges in Fort Walton Beach, Florida (sozusagen das Oberammergau der Piratenfestspiele). Dabei stürmen 450 Geschäftsleute in Piratenkostümen die Stadt und kidnappen den Bürgermeister.[22] Die Störtebeker-Festspiele auf Rügen wurden zum erfolgreichsten Freilicht-Theater Deutschlands.[23] » ... in Literatur, im Film, in Kinderspielen und -büchern (in ihrer neuesten Variante auch in Computerspielen) – überall begegnet uns der Pirat als in der Regel positiv konnotierte Figur«, obwohl doch die »Geschichte der Piraterie eine endlose Kette von Greuel- und Mordtaten (ist), von Raub und Plünderung, Elend und Verzweiflung, aber auch von blutiger Verfolgung und gnadenloser Ahndung«.[24]

Aus den Feinden des Menschengeschlechts, aus »einem Haufen ungewaschener Halsabschneider«, waren also »romantische Helden und antiautoritäre Rebellen geworden«[25]. Von diesem Bild versucht – oder eher: versuchte – die Piraten-Partei zu profitieren; deren Parteilogo zeigte nicht die Totenkopfflagge, sondern eine Art Campingplatzwimpel: Die wollten nur spielen.

# Die Piraterie in der Geschichtsschreibung –
## von der Antike bis ins 20. Jahrhundert

Schon in der Antike wurden Piraten und Piraterie – ihrer gesellschaftlichen, wirtschaftlichen und politischen Bedeutung entsprechend – zum Gegenstand der Geschichtsschreibung: Thukydides zunächst, auch Polybius, Diodorus Siculus, Appian, Strabo, Plutarch, Livius, Cassius Dio. Die Liste ist sicher nicht vollständig. Allerdings scheint es in der Antike keine Monographien zu diesem Thema gegeben zu haben.[1] Die antike Geschichtsschreibung folgte dem allgemeinen Trend der »schrittweisen Entwicklung eines negativen Bilds der Piraterie in der griechisch-römischen Welt«, wie de Souza es formuliert.[2] Ciceros Rede vom Piraten als *communis hostis omnium*, als gemeinsamem Feind aller, lebte in der kirchlichen Lehre, im mittelalterlichen Recht fort und fand noch in Prozessen des 18. Jahrhunderts gegen Piraten Anwendung.[3]

Mit dem in der Antike sich ereignenden eigenen Prozess der Zivilisation – der Entstehung von Recht und Staat etwa, der Ausdifferenzierung von Krieg, Handel und Piraterie[4] – entstand ab dem ersten Jahrhundert v. Chr. ein Konsens unter den Gebildeten der griechisch-römischen Welt, wonach Piraterie nicht länger ein heroisch-ehrenvoller Waffengang war, sondern »ein Übel, das zivilisierte Völker heimsuchte. Piraten wurden folglich als apolitische Gesetzlose betrachtet, die von den herrschenden Mächten ( ... ) zum Wohle der gesamten Menschheit unterdrückt werden sollten.« De Souza sieht darin vor allem eine Rechtfertigungsideologie imperialistischer Expansion, muss aber einräumen: »Zweifellos erwiesen sich die Eroberung, Befriedung und politische Vereinigung des Mittelmeerraums durch die Römer langfristig als sehr vorteilhaft für die dortigen Seefahrer und Küstenbewohner. Während mehrerer Jahrhunderte blieben die Gewässer des Mittelmeers weitgehend frei von den Schiffen der Piraten und den marodierenden Kriegsschiffen, deren Angriffe auf die Küstensiedlungen und die Händler des Mittelmeers ein integraler Bestandteil dieser maritimen Welt seit den Zeiten Homers gewesen waren. Solange die *Pax Romana* dauerte, war das Mittelmeer eine bemerkenswert sichere maritime Welt.«[5]

Das spricht doch eigentlich entschieden für das Imperium Romanum. Aber damit war Schluss, als die Vandalen als Piraten kamen und dann die Araber, die Kreuzfahrer und ihre Nachfolger wie der Malteser Orden, Piraten aus christlichen Städten und Staaten – auch außerhalb des Mittelmeers wie die Engländer ab dem 16. Jahrhundert –, die Türken schließlich und die Piraten der Barbareskenstaaten. Erst gegen Ende des 19. Jahrhunderts findet die mittelmeerische Welt wieder zu dem Frieden ohne Piraten, der so lange unter den Römern geherrscht hatte.

Gegen 1700 beginnt die europäische Geschichtsschreibung sich wieder für Piraten zu interessieren, auch wenn Piraterie an den Küsten Süd- und Westeuropas wie auch in der Ostsee selten längere Zeit unterbrochen war und fast immer eine schwere Bedrohung und Behinderung von Handel und Reisen darstellte, von Bewohnern der Küsten und Hafenstädte. Das spanische Gold und die Attraktion der karibischen Tropen haben den dortigen Piraten anscheinend einen deutlichen PR-Vorteil verschafft, realiter war die Piraterie an den Küsten des Ärmelkanals, an den anderen britischen Küsten und den Kanalinseln, waren Städte wie Dünkirchen, Saint Malo oder Calais oder die Cinque Ports der englischen Küste als Piratenhäfen Städten wie Jamaikas Port Royal oder New Providence auf den Bahamas ebenbürtig oder überlegen.

Im 15. und 16. Jahrhundert, schreibt David Childs in »Pirate Nation« – und damit ist das elisabethanische England gemeint:

»Zweihundert Jahre lang war die am wenigsten sichere Route, auf der ein Engländer seinen legalen Geschäften nachgehen konnte, der Seeweg zwischen Ushan«– das ist Ouessant, die bretonische Insel am Eingang zum Ärmelkanal – »und London Bridge, wo wie in einem Meeresgestrüpp Piraten lauerten, um mit ihren Widerhaken all diejenigen zu ergreifen, die schwächer zu sein schienen als sie selber.«

Das elisabethanische England sah dann aber einen Imagewandel des Piraten vom Seestraßen-Räuber zum Verteidiger des Landes, der Königin und des Protestantismus gegen die katholischen, papistischen Spanier (und Portugiesen). Die *Sea Dogs* der Königin endeten nicht am Galgen, sondern konnten bei befriedigendem Erfolg geadelt werden; hundert Jahre später wird Henry Morgan, einer der erfolgreichsten piratischen Plünderer und Totschläger in der Karibik (und an der Pazifikküste), zum Vizegouverneur von Jamaika ernannt und geadelt. In Frankreich und Holland war es ähnlich – Piraten wurden zu nationalen Heldenfiguren, denn ihre Opfer waren – im Idealfall – die Bürger anderer, verfeindeter Länder.

Daneben erfolgte eine Umdeutung der Piraten: vom *communis hostis omnium* zum edlen Räuber, Mitglied einer Bruderschaft, die ihre Beute gleich teilte – nichts erregt bis heute mehr Bewunderung, Achtung, Bereitschaft zur Strafmilderung – es scheint die Kardinaltugend Nummer eins geworden zu sein, egalitär, kommunitarisch, republikanisch!

Die beiden Werke, die dieser Interpretation der Piraten ihrer Zeit den Weg bereiteten, waren die von Exquemelin und Captain Johnson. Bis heute sind sie wohl die einflussreichsten und am meisten konsultierten Quellenwerke zur Geschichte der neuzeitlichen westlichen Piraterie.

Alexandre Olivier Exquemelin oder Esquemelin (1645–1707) kam aus Honfleur (auch einer der traditionellen Piratenhäfen) und ging mit der französischen Westindien-Kompanie nach Tortuga, damals eines der Zentren der Piraterie. Nach drei Jahren wurde er Pirat, heuerte wahrscheinlich als Wundarzt und Chirurg bis 1672 unter verschiedenen Kapitänen an, wurde Vertrauter des berühmten Erzpiraten Henry Morgan und berichtete als Augenzeuge auch von der verheerenden Eroberung der Stadt Panama unter Morgans Führung. Er ließ sich später in Holland nieder (vermutlich war er Hugenotte), kehrte aber mindestens einmal noch in die Karibik zurück und war 1697 bei der französischen Eroberung und Plünderung Cartagenas dabei. Exquemelin kannte also Piraten und Piraterie aus eigener Anschauung und Komplizenschaft.

1678 erschien sein »De Americaensche Zee-Rovers« (ein Jahr später schon auf Deutsch), das um 1700 seine zehnte Auflage erlebte. Das Buch wird in seiner Bedeutung für das Piraten-Bild und die Historiographie der Piraten nur von einer anderen Publikation übertroffen.

1724 erschien in London »A General History of the Robberies and Murders of the Most Notorious Pyrates«, als dessen Autor ein gewisser, nie verifizierter Captain Charles Johnson figurierte; eine Zeitlang galt Daniel Defoe als Autor.[6] 1728 wurde es ergänzt durch einen zweiten Band, der auch die fiktive Geschichte von Kapitän James Misson und der Piratenrepublik Libertatia/Libertalia enthält.

Die »General History« hat ganz entscheidend zum populären Bild der Piraten beigetragen wie auch zu deren geschichtswissenschaftlicher Darstellung. Sie gehört mit ihren Porträts der berühmtesten, berüchtigsten Piraten der Zeit zum Genre der damals populären *criminal biography* – wie »Lives of the Gamesters« oder »A Complete History of the Lives and Robberies of the Most

Notorious Highwaymen« –, geht aber keineswegs in sensations-
lüsternen Schilderungen auf; erstaunlich viele Fakten konnten
historisch-kritisch bestätigt werden. Die »General History« »ist
nicht nur eine wichtige Primärquelle zum Leben der englischen
Piraten des Golden Age« – es gibt keine anderen als britische
Piraten in dem Buch –, »sondern ist auch eine Sammlung von Pri-
märmaterial«, schreibt Devin Leigh. »Heute gilt sie als der Anker
der englischen Geschichtsschreibung zur englischen Piraterie. Es
ist der Text, mit dem alle Wissenschaftler ihre Forschungen begin-
nen, und es ist der Text, zu dem sie regelmäßig zurückkehren und
jedes Mal etwas anderes entdecken.«[7] Der wichtigen Dissertation
des englischen Historikers Edward Theophilus Fox zufolge kann
die Bedeutung der »General History« für die Historiographie der
Piraterie kaum überschätzt werden, »denn bis vor relativ kurzer
Zeit blieb sie die Hauptquelle, der die Historiker zu Recht oder
zu Unrecht viele oder alle ihre Informationen über die Piraten
des frühen 18. Jahrhunderts entnahmen und der Gesellschaft, in
der sie lebten«.[8]

Während Exquemelin wie Captain Johnson eine deutlich ambi-
valente Haltung zu ihrem Gegenstand an den Tag legen (und auch
deren Verbrechen und Grausamkeiten nicht verschweigen oder
banalisieren), bestimmt mittlerweile das Lob der fortschrittlichen
piratischen Lebensweise die Rezeption dieser beiden Werke. So
wurden »das mächtige und nachhaltig wirksame positive Image
von Seeräubern, Piraten und Bukaneers« sowie das Bild der Piratengemeinschaft als prädemokratischer, frühsozialistischer und
multikultureller Gesellschaftsform von diesen beiden Werken
befördert.[9]

Gedankensplitter davon finden sich zum Beispiel im dramatischen Nachlass Friedrich Schillers (»Die Flibustiers« und »See-
stück«)[10]: »Theilung der Beute« lesen wir da, oder »unter eigenen strengen Nothgesetzen, Gerechtigkeit, Gleichheit«. »Eine

furchtbare Schar von Seeräubern, ihr Anführer ein ehemals edler Mensch, ihre strenge Justiz, rohe Güte.« Schiller hatte ja mit Karl Moor in den »Räubern« einen solchen *Sozialbanditen* vorgestellt.

Als Quellen für »Die Flibustiers« führen die Herausgeber u. a. Alexandre-Olivier Oexmelin (= Esquemelin), Raveneau de Lussan, Charles Johnson und die »Histoire des avanturiers Flibustiers« an. Mit Sicherheit sei J. W. von Archenholz' »Geschichte der Flibustier« (Tübingen 1803) in Schillers Bibliothek vorhanden gewesen.

Archenholz unterscheidet die Flibustier sowohl von den bloß kriminellen, »gemeinen, durch nichts gebundenen Seeräubern« wie auch von denen der nordafrikanischen Barbareskenstaaten oder den mittelalterlichen nordischen Seeräubern; es habe sich um eine »originelle ( ... ) Republik« gehandelt, »der unter dem Namen *Bucania* oder *Flibustier* hochberüchtigten Freybeuter; sehr verschieden durch Systeme, Maximen, und Societäts-Regeln, so wie durch Thaten, von allen, die sich je auf dem Element des Wassers in Raubgesellschaften formirten«; ihre »glänzende Epoche« setzt er Ende des 17. Jahrhunderts an, die Zeit der »berühmten schwimmenden Republik der Flibustier«.

»Die *Flibustier* waren ganz originel. Es war eine in große und kleine Haufen abgesonderte, gleich gestimmte, durch Grundsätze und Verträge beherrschte ( ... ) auf dem Westindischen Meere schwimmende Republik geborner Europäer.« Es sei ein »sonderbarer Freystaat« gewesen mit einer »Art Verfassung«.

Auch in Eigentumsfragen hätten sie sich vorbildlich verhalten: »Da man also in dieser Republik von dem Mein und Dein nichts wußte, so waren Streitigkeiten höchst selten.« Und es verwundert denn auch nicht, dass »diese sogenannten Küstenbrüder ( ... ) in der größten Harmonie lebten«. Er beendet sein Werk mit den Worten, dass »jedermann nach Lesung dieser Geschichte einräumen (muß), daß die Flibustier ( ... ) eine seltne Entwicklung menschlicher Kräfte und Fähigkeiten gezeigt, und überhaupt Dinge gethan haben, die noch die späte Nachwelt bewundern wird«[11]. Und damit sollte er leider recht behalten.

Guillaume-Thomas Raynals vielgelesene und -übersetzte »Geschichte der beiden Indien. Philosophische und politische Geschichte der europäischen Handlung und Pflanzörter in beyden Indien« (1774–78), zuerst 1770 erschienen, war eines der Hauptwerke für die Verbreitung historischen Wissens über die Piraten und basierte ebenso zu großen Teilen auf Exquemelin und Captain Johnson.[12]

Einflussreich scheint daneben aber auch die geradezu grotesk antispanische Haltung Raynals gewesen zu sein; Spanier tauchen bei ihm vor allem als grausame, feige Untermenschen auf.

Raynal betont die »Unabhängigkeit« der Piraten als ein ihnen wichtiges Gut; der Kapitän habe den »Oberbefehl« nur im Gefecht; Grundsätze von Gerechtigkeit gebe es zu loben, Entschädigung bei Verstümmelungen, Hilfe für die Verwundeten und natürlich die gleiche Teilung der Beute. »Man würde schwerlich ein Beispiel von so strenger Gerechtigkeit finden«, heißt es an anderer Stelle. »Eine ausschweifende Leidenschaft für die Unabhängigkeit und Freyheit« kennzeichne »diese ausserordentlichen und romanhaften Leute«, in denen die »Springfeder der Freiheit« wirksam sei. Zwar gebe es »abscheuliche Verbrechen« zu beklagen, aber auch »eine Menge heldenmüthiger Thaten, die den tugendhaften Völkern Ehre gemacht hätten« – wie könne man ihnen »die Bewunderung versagen?«[13] Das tat ja auch mittlerweile niemand mehr unter den Gebildeten.

Auch der vielgelesene August von Kotzebue, so erfuhr ich von den Herausgebern des »Dramatischen Nachlasses« Schillers, verfasste eine »Kurze Geschichte der Flibustier«, erzählt nach Raynal; liest man den Text, möchte man die Formulierung »erzählt *von* Raynal« vorschlagen.

Auf zahlreichen Wegen und Kanälen gelangt die Botschaft Exquemelins und Captain Johnsons von der Freiheitsliebe, Gerechtigkeit, Gleichheit und Brüderlichkeit der bewundernswerten Piraten an die europäische Nachwelt.

Michael Kempe weist darauf hin, dass »Aufklärer und Revolutionäre« des 18. Jahrhunderts »entscheidend zur Legendenbildung mit bei(trugen). Als das revolutionäre Frankreich 1793 auf einen europäischen Krieg zusteuerte, wurden berüchtigte Korsaren des absolutistischen Frankreichs wie Jean Bart oder René Dugay-Trouin rückwirkend zu Vorkämpfern für Freiheit und Gleichheit umdefiniert. Mit Bezug auf verschiedene politische Ideale verfestigte sich im 19. Jahrhundert die Vorstellung von Piratenschiffen als Mikrokosmen oder Inkubationsgehäuse von wahlweise Republikanern, Revolutionären, Kommunisten oder Anarchisten.«[14]

Ein anschauliches Beispiel dafür bietet das Gedicht eines quasi *Eminent Victorian*, Charles Kingsleys (1819–75) »The Last Buccaneer«. Er gehörte auch zu den führenden Figuren des Christian Socialism, und die ersten beiden Zeilen zeigen sogleich, dass er das Herz auf dem rechten Fleck hat:

»OH, England is a pleasant place for them that's rich and high«, lässt er seinen Buccaneer volkstümelnd erklären. »But England is a cruel place for such poor folks as I; / And such a port for mariners I ne'er shall see again, / As the pleasant Isle of Avès, beside the Spanish main.« Aber die Piraten, hier diskret als *mariners* bezeichnet (weiter unten als *men* oder *gallant sailors*), haben ihren eigenen »pleasant place« in der Karibik geschaffen – »for such poor folks as I«. (Es gab dort tatsächlich eine auch von Piraten frequentierte Isla de Aves.) » … And a thousand men in Avès made laws so fair and free / To choose their valiant captains and obey them loyally.« Freiheit, Gerechtigkeit, demokratische Gesetzgebung und Wahl der Kapitäne – das sind wesentliche Bestandteile der Legende vom Piraten (nur das »obey them loyally« lässt noch Kingsleys alten Adam durchblicken).

Die Beraubung der Spanier und der Handelsschiffe wird in vier Zeilen ausreichend legitimiert. »Thence we sail'd against the Spaniard with his hoards of plate and gold, / which he wrung by cruel tortures from the Indian folk of old; / Likewise the merchant captains, with hearts as hard as stone, / Which flog men and keelhaul them and starve them to the bone.« Eine unzureichende Ernährung der Mannschaft und ihre brutale Behandlung seitens des Kapitäns und der Offiziere wurden wiederholt als Erklärung dafür genannt, dass Seeleute zu Piraten wurden. (In deutlichen Worten auch von Captain Johnson.) »Cruel tortures« andrerseits wendeten die Piraten ungeniert selber an, wenn es darum ging zu erfahren, wo ihre Opfer ihre Besitztümer und Schätze versteckt hielten. Das kann man bei Esquemelin und Captain Johnson ausführlich nachlesen. Die spanienfeindliche *Lejenda nera* ist wesentlicher Bestandteil der englischen Ideologie bis ins 20. Jahrhundert, bei den »rich and high« ebenso wie bei den »poor folks«, inklusive der Piraten.

Neben den Schönheiten der tropischen Natur hatte Aves aber auch zu bieten: » … the negro maids to Avès from bondage fast did flee, / To welcome gallant sailors a sweeping in from sea.« Hier werden die Piraten als Teil der Antisklaverei-Bewegung vereinnahmt, nicht sehr überzeugend: »Oh, sweet it was in Avès to hear the landward breeze / A-swing with good tobacco in a net between the trees, / With a negro lass to fan you.« Was die *gender and race equality* angeht, war da noch Luft nach oben.

Doch die »pleasant days« von Avès finden ein Ende durch den altbösen Feind, den sein Gewaltmonopol durchsetzenden Staat: »So the king's ships sail'd on Avès and quite put down were we.«

31

Es gelingt dem »last Buccaneer« jedoch, sich hinaus aufs Meer zu retten, wo er von einem englischen Schiff aufgegriffen wird: »And brought me home to England here to beg until I die.« Warum ihm dort nur das Betteln blieb als Lebensunterhalt, ist nicht klar. Seeleute waren im 17. und 18. Jahrhundert gesuchte Arbeitskräfte.

»And now I'm old and going I'm sure I can't tell where; / One comfort is, this world's so hard I can't be worse off there: / If I might but be a sea-dove I'd fly across the main, / To the pleasant Isle of Avès, to look at it once again.«

Das utopische Bild der sinnenfrohen, freiheitlichen und egalitären Piratenrepublik hielt sich bis ins 20. Jahrhundert – »to look at it once again.«

Charles Kingsley ist auch der Autor des noch im folgenden Jahrhundert vielgelesenen historischen Romans »Westward Ho!«, mit dem er »den Mythos von den elisabethanischen Seefahrern als edlen Plünderern für den Reformierten Glauben stärkte, für die Plünderung eine religiöse und patriotische Pflicht war«[15]. Katholizismus und Spanier sind dagegen die Hassobjekte des Werks.

Die Piraten blieben im 19. Jahrhundert vor allem in der Belletristik lebendig – erinnert sei hier nur an literarische Schwergewichte wie Lord Byron (»The Corsair«, 1814), Walter Scott (»The Pirate«, 1822), James Fenimore Cooper (»The Red Rover«, 1827), Balzac behandelt das Thema in »La Femme de trente ans«, 1842, und schließlich das Juwel der Gattung: Robert Louis Stevensons »Treasure Island«, 1883. Auch auf dem Musiktheater trieben sie sich herum, in der Regel als heroische Gestalten: bei Bellini, Rossini, Verdi – und, eher unheroisch, in dem sehr erfolgreichen Musical von Gilbert & Sullivan »The Pirates of Penzance« (1897). In der bildenden Kunst waren Piraten ebenso präsent, von den Illustrationen zur »General History« bis zu denen zur »Schatzinsel«, am bekanntesten wohl die ebenso erfindungs- wie einflussreichen Bilder in Howard Pyles »Book of Pirates« (1903), die wiederum auf das Erscheinungsbild der Piraten in den Hollywood-Filmen einwirkten.

Erst das 20. Jahrhundert brachte eine geschichtswissenschaftliche Behandlung des Themas – und auch nur zögernd, dem Thema schien einfach die wissenschaftliche Seriosität zu fehlen. Und es würde schwierig werden, eine distanzierte, um Objektivität bemühte Darstellungsweise zu finden: Dem stand »das mächtige und nachhaltig wirksame positive Image von Seeräubern, Piraten und Bukaniers« der Jahrhunderte zuvor entgegen.[16]

Neben dem sozialrevolutionären und politisch egalitären Aspekt fand sich das Thema der Piraten-Ökonomie und die Bedeutung der Frauen bei den Piraten im Mittelpunkt der Forschung, vor allem aber der Veröffentlichungen.

Der Durchbruch erfolgte spätestens mit den achtziger Jahren. Getragen und vorangetrieben wurde die linke Piraterieforschung im allgemeinen vom Geist der sechziger Jahre, insbesondere von der längst respektabel gewordenen *History from Below*, der Geschichte der Arbeiterbewegung (mit Edward P. Thompsons »The Making of the English Working Class« als dem klassischen Werk), Eric Hobsbawms Konzept des Sozialbanditen[17] und dem Forschungsgebiet der *Atlantic History*.

Zweifellos der aktivste und einflussreichste Wissenschaftler in diesem Bereich war der oben bereits erwähnte amerikanische Historiker Marcus Rediker, der 1981 einen bahnbrechenden Aufsatz publizierte: »Under the Banner of King Death: The Social World of Anglo-American Pirates, 1716–1726«.[18]

Laut Rediker weise bislang nicht genutztes umfangreiches Quellenmaterial darauf hin, dass die Piraten zu Beginn des 18. Jahrhunderts (ihr »Golden Age«) als proletarische Rebellen gegen brutale, lebensgefährliche Arbeitsbedingungen auf den Handelsschiffen revoltierten – motiviert auch wie die Sozialbanditen vom

Ruf nach Rache – und bewusst eine egalitäre, demokratisch verfasste Gegengesellschaft zu der von ihnen verlassenen bildeten, die auf Brüderlichkeit und gegenseitiger Hilfeleistung beruhte.

Seine bekanntesten Werke zum Thema Piraterie sind »Between the Devil and the Deep Blue Sea«; »The Many-Headed Hydra: Sailors, Slaves, Commoners, and the Hidden History of the Revolutionary Atlantic« (zusammen mit Peter Linebaugh) und »Villains of All Nations: Atlantic Pirates in the Golden Age« (s. die näheren Angaben in der Bibliographie).

Bei Rediker *überfallen* und *berauben* Piraten ein Handelsschiff nicht, sie *expropriieren* es, indem sie *sich die maritimen Produktionsmittel aneignen,* die sie in *Gemeineigentum der damit Arbeitenden* überführen. Sie leben nicht von gestohlenem Gut, sondern schaffen das ausbeuterische *kapitalistische Lohnverhältnis* ab, machen das Schiff zu ihrem Eigentum und *teilen zu gleichen Teilen* die Risiken ihres *gemeinsamen Unternehmens.* >Genossenschaft< oder >Kooperative< drängt sich da auf, Raiffeisen oder LPG etwa, ein >bewaffneter Raubüberfall zur See< liegt weit hinter dem Horizont. Der Händler tritt »in seinem seidenen Aufputz« neben »dem Seemann in seiner derben Schlichtheit« auf, die »Handelskapitalisten und ihre Lakaien« neben den »heroischen proletarischen Gesetzesbrechern«.[19] Derbe Schlichtheit bestimmt denn auch zuweilen diese Art von Historiographie.

Die von Rediker vertretene Richtung fand auch dadurch Unterstützung und Verbreitung, dass sie sich einerseits auf die Popularität von Hobsbawms Konzept des Sozialbanditen stützen konnte (Rediker zufolge entspricht der Pirat dem Modell des Sozialbanditen – auch wenn Hobsbawm Piraten ausdrücklich davon ausgeschlossen wissen wollte), andrerseits zwei gewichtige Gewährsleute vorweisen konnte: den Oxford-Professor Christopher Hill (einen marxistischen Historiker und angesehenen Kenner des britischen 17. Jahrhunderts) und John Selwyn Bromley, einen namhaften britischen Marinehistoriker (»Corsairs and Navies, 1660–1760«, London 1987, darin: »Outlaws at Sea, 1660–1720: Liberty, Equality, and Fraternity among Caribbean Freebooters«). Hills Aufsatz »Radical Pirates?«[20] hatte noch mit einem Fragezeichen geendet – das verwandelte sich bald in ein deutliches Ausrufezeichen.

Eric Hobsbawms Verhältnis zu seinen Sozialbanditen war ambivalent; einerseits sah er in ihren Verbrechen einen ernstzunehmenden Ausdruck von Armut und Unterdrückung sowie einen Protest dagegen, vermochte aber andererseits nichts Zukunftsweisendes in ihrem Handeln zu erkennen; politische und gesellschaftliche Veränderungen waren von diesen wesentlich traditionell orientierten und unpolitisch denkenden Menschen nicht zu erwarten. Es fehlte sozusagen die Mitgliedschaft in der KP.

Für Hobsbawm sind es Schrift und Buchdruck, die der »lokalen Tradition mündlicher Überlieferung« – Gestalten wie Robin Hood oder Brasiliens Lampiao, Chinas Sung Tschiang – »eine nationale und perennierende Gestalt verleihen, so daß man sagen könnte, daß Intellektuelle das Weiterleben von Banditen besorgten«. Oder von Piraten. »Sie tun es gewissermaßen auch heute noch«, fährt Hobsbawm fort. Die Gleichsetzung des »kriminellen Banditen mit dem Sozialbanditen« werde mittlerweile auch von »einigen Forschern« vorgenommen, stellt Hobsbawm missbilligend fest. »Möglicherweise hat die neoanarchistische Stimmung bei Teilen der extremen Linken nach den 1960er Jahren die Überzeugung bestärkt, daß Verbrechen als solches eine Form revolutionärer Tätigkeit ist, wie schon Bakunin behauptet hatte«[21]: der Hang zum kriminellen Küchenpersonal (auch nicht-extremer Linker). Die Literatur zur Piraterie bietet reichlich Anschauungsmaterial dafür.

»Nicht zufällig finden sich die bedeutendsten Neuerungen in unserer Herangehensweise an die Piraterie nach der großen Er-

schütterung am Ende der 60er Jahre«, so der vielseitige Schriftsteller, Aktivist, Hansdampf Michel Le Bris im Vorwort zu dem von
ihm herausgegebenen Band »L'aventure de la flibuste« (2002).[22]
Le Bris hat 1997 für Arte Soirée einen Film zum Thema Piraterie
mit dem Titel »Les anges noirs de l'utopie« gedreht. So dürften
die Piraten der Karibik heute diejenigen sein, die den Geist der
Achtundsechziger am treuesten bewahrt haben.

»Seit 1981 wurde die Forschung zur piratischen Gesellschaft
im frühen 18. Jahrhundert vom Werk Marcus Redikers dominiert.«[23] Und nicht nur die des frühen 18. Jahrhunderts. Nicholas
K. Rauh erklärt in »Merchants, Sailors & Pirates in the Roman
World« (2003): »Durch seine Werke und durch Gespräche mit
ihm übte Marcus Rediker wesentlichen Einfluss auf meine Denk-
weise aus.« Das ist nicht zu übersehen: »Durch kollektivistische
Aktionen, egalitäres Verhalten und Widerstandshandlungen erlangten Händler, Seeleute und Piraten einen gerechteren Platz
in der mediterranen Gesellschaft.«[24] Der Antike, wohlgemerkt!
Kollektivistische Formen der Vergesellschaftung und kollektivisti-
sches Handeln sind die obersten politisch-moralischen Instanzen
Redikers, sie rechtfertigen so ziemlich alles, vielleicht auch eine
Massenvergewaltigung, auf jeden Fall aber Piraterie. Was Rauh
explizit verkündet, ergibt sich implizit aus zahlreichen neueren
Werken zur Geschichte der Piraterie.

Diese Tendenz der Piratenforschung hatte es auch deshalb
leicht, sich durchzusetzen, weil sie ja keine Kehrtwende vornahm,
sondern nur eine Verschärfung oder Radikalisierung von seit Jahrhunderten akzeptierten Vorstellungen von fortschrittlichen Piratengemeinschaften – »(d)as egalitäre, antiautoritäre Modell der
piratischen Gesellschaft, das seit 1724 bestand«[25].

Die Stimmen derjenigen, die diesem Modell widersprachen,
wie Arne Bialuschewski, dem zufolge der »Trend in der Geschichtsschreibung, piratische Banden als Revolutionäre zu ro-

mantisieren, nicht besonders hilfreich (ist)«[26], wurden zwar zur Kenntnis genommen und diskutiert. »Gleichwohl bestimmte das Bild der Piratengemeinschaften als wesentlich egalitär, demokratisch und freiheitsliebend die Geschichtsschreibung.«[27]

Hierzu ein Beispiel von Kenneth J. Kinkor, der sich bitterlich beklagt, dass der Pirat bis vor kurzem kaum über dem Sklavenhändler rangierte. Das aber habe sich geändert: »Tatsächlich eigneten sich die Piraten und andere Räuber gesellschaftliche Mechanismen an, die man als extrem liberal, demokratisch, föderalistisch, egalitär, brüderlich und kommunitaristisch bezeichnen könnte. Man könnte sogar so weit gehen, die These zu vertreten, dass diese ›egalitären Gesellschaften auf dem Wasser‹ die Ideen der Aufklärung avant la lettre verkörperten.« Piraten des *Golden Age* als Vorläufer der Aufklärung – darauf muss man erst mal kommen. Die Piraten des 17. und 18. Jahrhunderts hätten sich »in einem gesellschaftlich einzigartigen Experiment engagiert«, das »nichts weniger als edel war«.[28] Es sei ihnen gelungen, schwärmt Rediker, wenn auch nur für kurze Zeit, den griechischen Mythos von Kronos, »der Insel, wo alle Menschen in Freiheit, Gleichheit, Harmonie und Überfluss lebten«, wenigstens teilweise zu verwirklichen.[29] Im Nachwort zu »Bastion Pirates. Une histoire libertaire de la piraterie« (2005) berichtet der Herausgeber Gilles Martin, dass das utopische Projekt der Piraten in der Arbeiterbewegung des 19. Jahrhunderts wiederauferstanden sei: Das Verbindungsglied zwischen diesen beiden Welten sei Jean Laffite gewesen, »der letzte König der Flibuster«, Gründer einer libertären Republik in Louisiana mit dem Namen *Barataria*, »letzter Zufluchtsort der Piraten der Karibik«. Er habe eine neue Identität angenommen als John Lafflin, sei reich geworden und habe die Veröffentlichung des Kommunistischen Manifests von Marx und Engels finanziert. Praktisch *translatio imperii*. Gilles Martin verhehlt aber auch seine Skepsis nicht.[30]

Nicht nur in Frankreich hatte die anarchisch-nietzscheanische Strömung des Poststrukturalismus erheblichen Einfluss auf die Piratenliteratur – siehe etwa die Beiträge in »L'Aventure de la flibuste« (2002) oder Gabriel Kuhns »Life Under the Jolly Roger. Reflections on Golden Age Piracy« (2010).[31] Die Bibliographie von Kuhns – übrigens zu großen Teilen kenntnisreichem und klugem – Buch verzeichnet zwei Werke von Deleuze / Guattari, fünf Werke von Michel Foucault und neun von Nietzsche. Alle vier Autoren haben von Piraterie keine Ahnung.

Das klingt dann etwa so: »Das Schiff ist die Heterotopie par excellence. Zivilisationen, die keine Schiffe besitzen, sind wie Kinder, deren Eltern kein Ehebett haben, auf dem sie spielen können. Dann versiegen die Träume. An die Stelle des Abenteurers tritt dort die Bespitzelung und an die Stelle der glanzvollen Freibeuter die häßliche Polizei.«[32] Die Mongolei und Tibet können einem fast leidtun, von Österreich ganz zu schweigen, wo die Träume längst versiegt sind (es sei denn, die Schiffe der Donaudampfschiffahrtsgesellschaft zählen).

Mit seinem ganz eigenen Mix aus Heidegger und Poststrukturalisten entwickelt Peter Sloterdijk in »Im Weltinnenraum des Kapitals. Für eine philosophische Theorie der Globalisierung« vor allem in Kapitel 19 und 20 seine »Theorie des Piraten. Der weiße Schrecken«. Nach der jahrhundertelangen Piratophilie unter den Gebildeten ist es erfrischend, einen wortgewaltigen Verächter dieser Brut zu hören (auch wenn die faktischen Grundlagen, etwa in der Frage des rechtsfreien Raums der Meere, inzwischen plausibel bezweifelt werden – siehe das oben zitierte Werk von Michael Kempe von 2010):

»Die Grenzenlosigkeit der Wasserflächen ruft die moralische Wüste in den Seefahrern herauf – ›ich vernichte, also bin ich‹, so redet es aus jedem *acte gratuit* der piratischen Laune. In den Kolonien und auf den Meeren jenseits der Linie wird der Exterminismus eingeübt, der im 20. Jahrhundert als Stil des totalen Krieges zu den Europäern zurückkehrt.«[33]

Die Piraterie wird laut Sloterdijk im »bürgerlichen Denken« auch auf folgende Weise wirksam: »Schon früh wird sie von den Phantasien der Festlandbewohner zu einer libertären Gegenwelt verklärt, in der alles möglich wäre, nur keine Langeweile. Jahrhunderte vor der Künstlerbohème liefert die maritime Bohème den Evasionsträumen von Bürgern, die etwas anderes als Bürger sein wollen, unerschöpfliche Stimulationen. ( ... ) Bis zu Brechts *Dreigroschenoper* (1928) und Pasolinis *Scritti corsari* (1973–75) läßt sich das kriminalromantische Begehren verfolgen, das die Große Freiheit vom Meer her kommen sieht.«[34] Die »maritime Bohème« und »das kriminalromantische Begehren« – das sind treffende und erhellende Formulierungen!


Wir kommen damit zu einer Frage, die sich früher oder später wohl jedem stellt, der sich mit dem Thema Piraterie beschäftigt: inwieweit die betreffenden historisch realen Piraten und Piratengruppen zu Projektionsflächen von Wünschen und Hoffnungen (oder auch von Ängsten und Abneigungen) werden, und zwar in höherem Maße, als dies gemeinhin der Fall ist. Denn die Piraten zeichnen sich in der einschlägigen Literatur nicht nur als revolutionäre Demokraten und Republikaner aus, als egalitäre, sozialfürsorgerische und behindertenfreundliche Vertreter der Arbeiterbewegung, sondern auch als Vorkämpfer des Feminismus, als multinational und multiethnisch, als antirassistisch und antisklavistisch, als anarchistische Dionysiker und Aktivisten der Schwulenbewegung avant la lettre – das alles klingt wie eine bewusst anachronistische Karikatur, ist es aber nicht.

Was bislang noch fehlt, ist der Pirat als Umweltschützer und Kämpfer gegen den Klimawandel – in William S. Burroughs' »Ghost of Chance« (1991) jedoch wird *Libertalias* Piratenkapitän Misson »in der Zwiesprache mit der Natur zum Verteidiger der ökologischen Vielfalt und Originalität Madagaskars gegen den ökologischen Raubbau der Einheimischen und Piraten.«[35] Offenbar gerieten die Piraten zu einer Projektionsfläche intensiver Hoffnungen und Wünsche, zentraler Werte und Identifikationen der jeweiligen Gegenwart.

Und das ist mir ja nicht als erstem aufgefallen: »(D)er Pirat / Korsar war eine leere Form, die jede Epoche entsprechend ihrer Sensibilität, ihren Glaubensvorstellungen, ihren Ängsten und Wünschen, ihrer Konzeption der geopolitischen Konstellationen und des Wertesystems, die ihren kulturellen Horizont bestimmt, resemantisierte«, konstatiert – ein wenig übertrieben, wie mir scheint – Roland Le Huenen. Man könnte demgegenüber auch auf eine erstaunliche Konstanz und Homogenität der Projektion, des Piratenbildes, verweisen.[36]

Frank Bardelle zählt in seinem »Freibeuter in der Karibischen See« die wesentlichen Ideologien auf, von denen aus diese Projektionen vorgenommen werden: »Wahlweise kann man Freibeuter auch zu Exponenten des ›demokratischen Kampfes der Volksmassen‹, zu Anarchisten, zu Sozialisten, Kommunisten oder zu Inkarnationen nationalsozialistischer Ideale erklären«, und gibt von letzterem eine Kostprobe: »Ein Geist der Kameradschaft beseelte sie und schweißte sie zu einer felsenfesten Schicksalsgemeinschaft zusammen ( ... ), deren scheinbarer Kommunismus ( ... ) in Leistungsprinzip und Führergedanken wurzelte.« »All diese Versionen«, meint Bardelle jedoch, seien zwar recht lesenswert, brächten aber wenig Erkenntnis.[37] Das hindert Bardelle nicht daran, seine Version vom Piraten als Dionysiker zu vertreten. Was meines Erachtens ebenfalls zu nichts führt.

Am überzeugendsten hat 1998 Wolfgang Seidenspinner das Problem in seiner Hobsbawm-Kritik »Der Mythos vom Sozialbanditen«[38] umrissen.

Für Hobsbawms Theorie, dass die historisch real existierenden Banditen, deren Verbrechen im Grunde sozialer Protest und Widerstand gewesen seien, die Vorstellungen, Mythen und Legenden vom *Sozialbanditen* erst hervorgebracht hätten, gebe es keine Belege. Eher treffe das Gegenteil zu: »die Anlagerung eines universellen Stereotyps an Räuber der Vergangenheit und Gegenwart«. Diesem Stereotyp zufolge werden die Verbrechen der Sozialbanditen – von Robin Hood bis heute – »als Widerstand und Protest gegen die Obrigkeit interpretiert und die Täter in einen markanten Gegensatz zu den gemeinen Kriminellen gestellt«. Hobsbawm kann den Sozialbanditen eben auch dadurch zu einer bewundernswerten Figur machen, als dieser einen klaren Gegensatz zum gemeinen Kriminellen darstellt (so hatte auch Archenholz seine Flibustier vom gemeinen kriminellen Piratenpack unterschieden).

Das wesentliche Problem bei Hobsbawm bestehe darin, dass der »Mythos vom Sozialbanditen auf der einen und die historische Wirklichkeit auf der anderen Seite« nicht klar voneinander getrennt würden.[39] Ob die von und mit den Figuren des Sozialbanditen geäußerte Kritik an der bestehenden gesellschaftlichen und politischen Ordnung aber wesentlich Sache des einfachen Volkes oder doch eher des Bürgertums und seiner publizistischen Meinungsführer und -macher war und ist, verdient Seidenspinner zufolge weitere Untersuchungen. »Im Diskurs lag die politische Dimension des Konzepts oder Mythos, nicht in den Delikten. (...) Der Diskurs scheint dabei eher weniger über die Menschen, über die Banditen auszusagen, die in ihm nur als Projektionsflächen dienten, als über die zivilisierten Westeuropäer, die ihn trugen und deren Wunsch- und Selbstbilder er gleichermaßen transportierte.«

Lässt sich dasselbe von den Sozialpiraten behaupten? Ich denke schon. Nicht in dem Sinne, dass die vorgebrachten Wunschbil der gänzlich willkürliche Projektionen sind – es gibt fast immer mehr oder minder deutliche Anhaltspunkte dafür, aber in dem Sinne einer zwingenden Beweisführung für deren Existenz? Wohl eher nicht.

Hartmut Roder zufolge, sicher einer der besten Kenner des Themas Piraterie, sind Piraten »eine grenzen- und zeitlose Projektionsfläche geblieben«, eine »anhaltende Verschränkung von Illusion und Realität, von geschichtlicher Wirklichkeit und phantasiereicher Dichtung«.[40] Das dürfte dem Sachverhalt am nächsten kommen. Anders formuliert: »Vieles spricht dafür, daß der Pirat als ›edler Räuber‹ und Sozialbandit mehr in unseren Köpfen als auf seinen Schiffen zu Hause war und ist.«[41]

## Die Piraten als Dionysiker:
## Hogarths »Gin Lane« in den Tropen

Das gilt wohl auch für das Gegenteil des Wunschbilds vom Piraten als altruistischem Sozialrevolutionär: für den Piraten als anarchistischen, hedonistischen Dionysiker, als Rausch und Taumel, sinnenfrohe Utopie einer befreiten Menschheit. Blickt man genauer hin, ist da nur Suff und Prostitution, Glücksspiel, Grölen und Prügelei.

Über die Wikinger heißt es bei David Mitchell: »Der dominierende Eindruck ist der von traditioneller heißblütiger Piraterie – von Bränden, Massakern, Vergewaltigung, Beute, Orgie, von wilder und jubelnder Verantwortungslosigkeit.« Ein Nietzscheanischer Wunschtraum: »Für diese Räuber aus dem Norden waren christliche und muslimische Vorstellungen von Schuld und Sünde bedeutungslos.«[1] Was aber nicht zu einer Transzendierung und Aufhebung von Christentum und Islam führte, sondern nur zu vorzivilisatorischer Barbarei.

Zu Beginn des 18. Jahrhunderts wurde Nassau/New Providence auf den Bahamas zur »Hauptstadt« einer Piratenrepublik von etwa 2000 Einwohnern: »Nassau war eine Barackensiedlung aus Treibholz und Palmwedeln und alten über Spieren gehängten Segeln, um Zelte zu bauen. Wenn der Wind vom Land her wehte, soll man New Providence gerochen haben noch bevor man es sah. Jede zweite Bruchbude war eine Grog-Kneipe oder ein Bordell mit Neger- oder Mulatten-Prostituierten. Die beliebtesten Getränke waren *rumfustian* (eine Mischung aus Bier, Gin und Sherry, stark gewürzt) und Rum mit Schießpulver; und Defoe zufolge, machte Nüchternheit einen Mann verdächtig. (...) das Gesamtbild ähnelte dem von Hogarths Gin Lane in einem milden

Klima.«² Man vergleiche die Schilderung desselben Nassaus von Frank Sherry:

»Eine Slumsiedlung – eine grotesk-komische Ansammlung von Läden, Hütten, Hurenhäusern und Kneipen, zusammengeschustert aus Treibholz und Segeltuch mit Dächern aus Palmblättern – die sich in einem Halbkreis entlang des sandigen Strandes am Hafen erstreckte. Die Wracks der gekaperten Schiffe verrotteten auf dem Strand, ihre Spanten entblößt wie seit langem verendete Kadaver. (...) Der Gestank von Nassau – eine Mischung aus geröstetem Fleisch, Rauch, menschlichem Abfall, Rum, ungewaschenen Körpern und verfaulendem Müll, all das zusammen unter der tropischen Sonne vor sich hin dünstend – konnte weit draußen auf dem Meer bemerkt werden, hieß es, lange bevor die Insel sichtbar wurde. New Providence und seine wilde Hafenstadt waren in vieler Hinsicht ein Piraten-Himmel (*heaven*) ebenso wie ein Piraten-Zufluchtsort (*haven*). Frei von allen Gesetzen außer denen der Piraterie hielt sie all die rohen Freuden bereit, die der Bruderschaft der Gesetzlosen lieb und teuer waren.«³

Sollte einem das als Utopie der befreiten Menschheit angedient werden? Exquemelin schreibt: »Unter diesem Volk ist es üblich, den Sold nicht zurückzulegen, sondern sie spielen, huren und saufen«, die Heilige Dreifaltigkeit piratischer Ausschweifungen, doch eher bodenständig-derb, wie gesagt, »solange noch Geld im Beutel ist. Manche haben so an einem Tag zwei- bis dreitausend Peseten durchgebracht und darüber hinaus so viele Schulden gemacht, daß sie am nächsten Morgen nicht einmal mehr ein Hemd am Leib hatten.« Als dionysischen Rausch mag man das eigentlich nicht herumreichen. »Mein eigener Herr«, fährt Exquemelin fort, »kaufte des öfteren ein Faß Wein, schlug ihm mitten auf der Straße den Spund ein und zwang alle Vorbeigehenden, mit ihm zu trinken; andernfalls hätte er sie mit einer zu diesem Zwecke bereitgehaltenen Flinte erschossen.«⁴ Der vietnamesisch-chinesische

Piratenstützpunkt Giang Binh am Südchinesischen Meer um 1800 unterschied sich nicht sehr von Nassau: »… sie schufen eine Kultur des Überlebens, die auf Gewalt, Verbrechen und Laster beruhte, und sich durch ausschweifende Lasterhaftigkeit, Trunkenheit, Glücksspiel, Prügeleien und Promiskuität auszeichnete. (…) Es war zugleich eine von Männern dominierte Kultur, in der Frauen ganz entschieden eine untergeordnete und unterwürfige Position einnahmen, und zwar mehr noch als in den traditionellen Kulturen Chinas und Vietnams. (…) Im Hinblick auf die Sexualmoral verstießen die Piraten gegen alle Regeln. Sexuelle Gewalt sowohl gegen Frauen wie gegen Jungen war fester Bestandteil des piratischen Lebens.«[5]

Auch der Überblick, den Gabriel Kuhn über die Piratensiedlungen des *Golden Age* gibt, veranlasst nicht dazu, die Situation positiver zu sehen.[6]

# Piraten und Frauen

Zu den sonderbarsten und verwunderlichsten Thesen im Zusammenhang mit dem Thema Piraterie und Piratophilie gehört die vom piratischen Feminismus: das Piratenschiff als Ort weiblicher Befreiung und Emanzipation. Als Kronzeuginnen für diese Sicht werden vor allem die beiden Piratinnen Anne Bonny und Mary Read bemüht, denen es auf abenteuerliche Weise gelang, Mitglieder der Besatzung eines Piratenschiffs zu werden. Edward Theophilus Fox weist darauf hin, dass deren Geschichte »gut zu einem Genre von Erzählungen passt, die im 17. und 18. Jahrhundert weit verbreitet waren: von Frauen, die sich als Männer verkleideten, um einem traditionell von Männern dominierten Beruf nachzugehen«[1].

Marcus Rediker hat einen Artikel über die beiden geschrieben, worin er zu belegen versucht, dass Frauen ihre Freiheit unter der Piratenflagge finden konnten; sie seien Teil eines »utopischen Experiments« gewesen, »außerhalb der Reichweite der traditionellen Mächte von Familie, Staat und Kapital«. Dagegen wurde eingewandt, dass die beiden ihre Freiheit sich selber zu verdanken gehabt hätten, nicht den Piraten, sie vielmehr gegen die Piraten durchsetzen mussten. Rediker unterstelle den Piratengemeinschaften eine unverdiente Fortschrittlichkeit, während er zugleich die Taten zweier entschlossener Frauen herabsetze, die gegen alle Erwartungen handelten. Aber letztlich obsiegte Redikers Schmonzette von deren »subversivem Kommentar zu den Genderverhältnissen ihrer Zeit ( ... ), ein eindringliches Symbol unkonventioneller Weiblichkeit für künftige Zeiten«[2]. Piratengemeinschaften, -banden, -crews zu Wasser wie zu Lande waren ja Männerbünde mit den damit einhergehenden Folgen für die Frau:

»Wir müssen draußen bleiben«, hieß es für sie (*expressis verbis* auch in einigen der piratischen *Articles*, der Mannschaftsverfassungen). Bei Kuhn lesen wir: »Für die Piraten besaßen Frauen nur einen Reiz, den ihres Geschlechts; sie waren Spielzeug, das man benutzte und dann wegwarf.« Wie für die Bukaniere waren Frauen »nur Güter, die geraubt, gehandelt oder auf ›brüderliche Weise‹ geteilt wurden«.

Das Verhältnis von Piraten und Frauen war nicht durch Befreiung und Emanzipation beider Seiten gekennzeichnet: »Die Beziehung zwischen Piraterie und dem Schicksal der Frauen bestand gemeinhin darin, dass überall da, wo die Piraterie florierte, auch die Prostitution florierte.«[3] In der Tat ergibt sich aus den Informationen zum piratischen Freizeitverhalten, dass nur das Verhältnis zu Alkohol und Glücksspiel noch enger war als das zur Prostitution.

Als der holländische Pirat Claes Compaen vor der irischen Küste ankerte, »nahmen seine Leute nicht nur Lebensmittel und Getränke an Bord, sondern auch eine große Zahl von Huren«. Nachdem die Piraten »vom Werke der Venus befriedigt waren«, wie es der Chronist formulierte, wurden die Frauen wieder an Land gebracht. »Und sobald sie wieder an Land waren, nahmen die Piraten den Frauen das Geld weg, das sie ihnen gegeben hatten, zerrissen ihnen die Kleider unter schallendem Gelächter und jagten die nacktärschigen Frauen über den Strand.«[4] Progressive Prachtkerle eben, Dionysiker! Piratischer Humor wird wiederholt in der einschlägigen Literatur betont und gelobt. Völlig humorlos konstatieren dagegen Ulrike Klausmann und Marion Meinzerin in ihren »Piratinnen« (1992): »Die Bukaniere waren nicht weniger rassistisch oder sexistisch als der Rest der Welt im 18. Jahrhundert.«[5]

Christopher Hill sieht das anders: »Die piratische Freiheit erstreckte sich auch auf die Sexualbeziehungen. Es fanden sich auch

Frauen an Bord, und es wird von Partnertausch (*wife-sharing*) berichtet.« *Partnertausch*! – Die piratische Freiheit schien keine Grenzen zu kennen! »Eine Mannschaft tauschte mit einem Sklavenhändler ein Schiff gegen sechzig afrikanische Frauen aus«, fährt Hill fort. »Das Schiff wurde in *The Bachelor's Delight* (*Des Junggesellen Lust*) umbenannt.«[6] Die von Hill beschworene Freiheit der Sexualbeziehungen war offenbar eine recht einseitige Angelegenheit. Auch Polygamie sei in manchen Piratensiedlungen innerhalb ihrer »democratic structure«, zumal auf Madagaskar, erlaubt gewesen. Freilich nur den männlichen Demokraten, darf man hinzufügen. Rediker schließt sich Hill beim Lob sexueller Freiheit bei den Piraten an: »Ein weiterer Bereich des gesellschaftlichen Lebens, worin die Piraten modern erscheinen, ist ihr Sinn für sexuelle Freiheit, die von ihren *Articles* kaum reglementiert wurde.«[7]

Peter Lamborn Wilson, der uns in »Pirate Utopias« die piratischen Sklavenhaltergesellschaften Nordafrikas, zumal Salé, als Pflanzstätte europäischer Demokratie nahezubringen versucht, vermag an der Versklavung »junger christlicher Frauen« nichts Negatives zu sehen, vor allem wenn es einen Platz im Harem zu gewinnen galt: » ... die meisten jungen Christinnen, die in die Frauengemächer algerischer Haushalte einzogen, die wohlhabend genug waren, um Sklaven zu halten, scheinen sich, ohne viel Aufhebens zu machen, dort eingelebt zu haben.« Eine Nebenfrau, so Wilson weiter, soll, Berichten aus jener Zeit zufolge, selten misshandelt worden sein, »und da die häusliche Plackerei größtenteils von Negersklavinnen erledigt wurde« – deren Schicksal nun scheint Wilson nicht weiter zu bekümmern – »war das Leben dort für eine Frau wahrscheinlich erheblich leichter als es im fernen West Cork gewesen wäre. Das Klima war zweifellos trockener, und die Häuser solider und komfortabler.« Dieser letzte Satz gehört den Zehntausenden von undankbaren Nord- und Westeuropäern, die von Piraten nach Nordafrika in die Sklaverei verschleppt worden waren, ins Stammbuch geschrieben.[8]

Gegen 1717 berichtet der englische Konsul in Marokko, Anthony Hatfeild, über vier von den Korsaren aus Salé gekaperte englische Schiffe, auch ein irisches Schiff hätten sie in ihre Gewalt gebracht, unter dessen Passagieren eine Frau war: »Man teilt mir aus Meknes mit, dass die Frau ( ... ) fast zu Tode gefoltert worden ist, um sie dazu zu bewegen, zum Islam überzutreten. Sie weigerte sich, aber unter der Folter brach sie zusammen und sagte, sie sei zur Muslimin geworden; sie ist im Serail und damit verloren.«[9]

Die Reputation der Piraten als Vergewaltiger war nicht unverdient: Exquemelin berichtet von der Eroberung Panamas durch Henry Morgan und seine Leute: »Die Gefangenen wurden aufs Unmenschlichste gefoltert. ( ... ) Auch den Mönchen ging es nicht viel besser. Die Weiber verschonten sie nur, wenn sie ihnen zu Willen waren. Manche zwangen sie auch dazu, holten sie unter einem Vorwand aus der Kirche und vergewaltigten sie. Morgan, der ein Vorbild hätte sein sollen, war nicht besser als die anderen.«[10]

Bei der Einnahme von Campeche 1684 vergewaltigten die Bukaniere die Frauen, folterten die Männer und, wo sie schon mal dabei waren, hängten sie auch neun ihrer Gefangenen auf. Bei der Einnahme Cartagenas »plünderten sie ein Haus nach dem anderen, vergewaltigten, folterten, massakrierten«[11].

Zu den Überfällen l'Ollonais' auf Maracaibo und das südamerikanische Gibraltar heißt es bei Robert Bohn: »Die gefangenen Frauen ereilte das übliche schreckliche Schicksal in Piratenhand: sie waren hemmungsloser Vergewaltigung ausgeliefert.«[12] Als Maracaibo 1669 erneut, diesmal von Henry Morgan, eingenommen wurde: »Wieder war die Bevölkerung wochenlang Mord, Vergewaltigung und anderen Grausamkeiten ausgesetzt.«

Über die um 1700 im Indischen Ozean operierenden Piraten erfahren wir von demselben Autor: »Die Pilgerschiffe (nach

Mekka) waren für die piratische Männergemeinschaft auch deshalb eine gern gesuchte Beute, weil sich auf diesen Schiffen immer auch nicht wenige Frauen befanden. Viele Berichte Überlebender schildern die brutalen Vergewaltigungsorgien, die sich auf diesen Schiffen abspielten, wenn sie in die Gewalt hemmungsloser Seeräuber fielen. Unzählige Frauen wurden nach solchen Überfällen auch nach Madagaskar oder die angrenzenden Inseln verschleppt, wo sie meist ein erniedrigtes Dasein als Objekt der männlichen Begierde fristeten.«[13]

1695 gelang dem Piratenkapitän Every die Kaperung der *Gang-i-Sawaii*, eines Schiffes des Großmoguls auf dem Heimweg von der Pilgerfahrt nach Mekka, was in »enthemmtem Morden und Vergewaltigungen« endete.[14]

Captain Thomas Anstis kaperte 1721 in der Karibik ein kleineres Handelsschiff aus Cork: Die Piraten vergewaltigten wiederholt eine der weiblichen Passagiere, brachen ihr danach das Rückgrat und warfen sie dann über Bord.[15] Ob Rediker das meinte, als er schrieb, die Piraten »stellten die Gender-Konventionen in Frage«?[16] De Bucquoy, der seine Piraten aus eigener Anschauung kannte, erklärt: »Frauenspersonen Notzüchtigen, sich toll und voll saufen, und alsdenn den Eingeborenen Gewalt anthun, war ihre tägliche Arbeit.«[17] Das mag etwas zu pauschal sein, aber die Dokumente weisen doch deutlich in diese Richtung. Um es in den lobenden Worten von Rediker zu sagen: »In einer homosozialen und hypermaskulinen Welt, einer Welt, die Stärke, Ausdauer, Härte, Mut und Aggressivität hochschätzte, fiel die Wahl auf eine sexuelle Freiheit, die gegen die geltenden Regeln der Höflichkeit (>polite standards of the day<) verstieß.«[18] Was von den asiatischen Piraten, zumal den chinesischen, in dieser Hinsicht bekannt ist, zeigt dieselbe triste Verachtung und Misshandlung der Frauen, die in ihre Gefangenschaft gerieten. Auch im Fall der vietnamesischen Bootsflüchtlinge der siebziger und achtziger

Jahre des vorigen Jahrhunderts wurden die ohnehin schon verhungernden, verdurstenden und kranken Flüchtlinge von den meist thailändischen Piraten ausgeraubt, vergewaltigt, erschlagen. Pennell spricht von »Massenvergewaltigung und Mord«.[19]

Im Widerspruch zu diesen gut belegten Vergewaltigungen scheinen die relativ häufigen Todesstrafen in den piratischen *Articles* zu stehen, die dem Vergewaltiger gefangener Frauen angedroht werden – rein statistisch wird nur für ein anderes Delikt so oft die Todesstrafe verlangt.

Jacob de Bucquoy erklärt: »Finden sich in der Prise Weibspersonen, so muss man sie unberührt lassen und sie bei erster Gelegenheit mit der Schuit oder mit dem Boote an Land setzen. Ist aber in der Nähe kein Land, so werden sie der Gnade der See überlassen.« Der folgende Paragraph bestimmt: »Wer eine solche Weibsperson schändet, muss mit dem Tod bestraft werden. Dieses geschieht, um allem Aufruhr und aller Unordnung zuvorzukommen.« Und eben darum ging es, nicht um den Schutz der Frauen.[20]

Wie Fox gezeigt hat, ergibt sich aus den erhalten gebliebenen *Articles*, dass die Piraten am häufigsten Gesetze gegen »Betrug an der (piratischen) Gemeinschaft« erließen, an zweiter Stelle folgten solche gegen »Desertion und Vergewaltigung«[21], aber »Vergewaltigung war keine Seltenheit bei den Piraten, selbst bei denen, die dagegen Gesetze erließen: Die Gruppenvergewaltigung einer Frau durch 21 Piraten wurde wahrscheinlich von Roberts' Crew begangen. Die Tatsache, dass so viele von ihnen sich an dieser Greueltat beteiligten, lässt vermuten, dass Roberts und seine Männer bereit waren, das Verbot einfach zu ignorieren. Obwohl die Quellen zahlreiche Fälle von Vergewaltigungen (...) erwähnen, die von Piraten begangen wurden, scheinen sie keinerlei Belege zu enthalten, dass ein Pirat jemals dafür bestraft worden wäre.«[22]

Wie bei anderen piratischen Verfassungsartikeln war auch in diesem Fall die soziale Kohäsion primäres Ziel, nicht Befreiung, Klassenkampf, Sozialismus – oder gar Feminismus. In der Piratensatzung von Barthomolew Roberts, Paragraph VI: »Jungen oder Frauen sind unter der Mannschaft nicht erlaubt. Wenn ein Mann dabei ertappt wurde, wie er das andere Geschlecht verführte oder eine Frau in Verkleidung mit an Bord brachte, wird er mit dem Tode bestraft. Wenn daher Frauen in ihre Hände fielen, (…) stellten sie sie sofort unter die Aufsicht einer Wache, um den bösen Folgen vorzubeugen, die von einem so gefährlichen Instrument der Spaltung und Zwietracht ausgehen könnten.«[23]

Eine Piratenballade – »Bold Manning« – erzählt von der Erstürmung eines Schiffes und der Tötung aller Besatzungsmitglieder, bis die Piraten schließlich eine Frau in der Kabine hinter der Messe entdeckten. »Die einen stampften mit dem Fuß und die anderen schwörten, dass sie sie zu ihrer Braut machen würden. >Tretet zurück, tretet zurück!< sagt Manning, >Ich werde eurem Streit gleich Einhalt gebieten!< Er stürzte sich kühn auf sie, ein Gewaltmensch ohne Furcht oder Scheu, stürzte sich kühn auf diese Frau und trennte ihr den Kopf ab.«[24] Problem gelöst. Gewiss, das ist Fiktion, aber es zeigt die Natur des Problems für die Piraten und dessen bevorzugte heroische (»hypermaskuline«) Lösung. Sonderbar fand ich die Betonung der Kühnheit und Verwegenheit Mannings, wo es doch für einen kampferprobten Piraten nur darum ging, eine einzelne und offenbar unbewaffnete Frau, die sich versteckt gehalten hatte, zu töten.

Im Gegensatz zu anderen Vergehen ist aber kein Fall bekannt für die Bestrafung von Piraten wegen Vergewaltigung. Das Verbot stand offenbar nur auf dem Papier. Die Vergewaltigungen und Misshandlungen aber waren real.

Die Vorstellung von Piratengemeinschaften und -schiffen als Orten weiblicher Emanzipation und Befreiung ist durch nichts zu belegen, im Gegenteil, in der Regel waren diese Orte und ihre Bewohner noch frauen- und emanzipationsfeindlicher und brutal-dominanter als die adlige, bürgerliche und bäuerliche Gesellschaft der Zeit.

# Piraten und Sklaven

Ein weiteres kontrafaktisches Wunsch- und Wahngebilde ist das von den Piraten als Sklavenbefreiern, Antirassisten, Helfern und Freunden der Sklaven, Afrikaner und anderer nichtweißer Menschen. Christopher Hill beteuert, dass »viele Piraten Gegner des Sklavenhandels waren und Sklaven befreiten«.

Über den völlig fiktionalen »Libertalia«-Teil der »General History« hören wir von dem Mann der historischen Wissenschaft: »Der Piratenkapitän Misson soll erklärt haben, dass alle Menschen frei geboren sind (...) Auf dem Schiff von Kapitän Misson wurden die Offiziere gewählt, gefangene Sklaven wurden befreit und aufgefordert, sich der Mannschaft als Gleiche anzuschließen.«[1]

Historisch gab es von frühester Zeit an ein enges Verhältnis zwischen Piraten und Sklaven, aber es war keineswegs vorteilhaft für die Sklaven. Im Gegenteil. Piraten waren meist – neben den Kriegen – die Hauptlieferanten von Sklaven.[2] Über die Sklaverei im »frühen und klassischen Hellas« schreibt Egon Flaig in seiner »Weltgeschichte der Sklaverei«: »Quelle von Sklaverei ist sowohl die Gefangennahme im Kriege – von Frauen und Kindern – als auch die Piraterie.« Für die Zeit zwischen 100 und 66 v. Chr. war dann »die Piraterie eine der Hauptquellen, aus denen sich die mittelmeerischen Sklavenmärkte speisten. Diese hochorganisierte Piraterie fing an, die maritimen Ränder des gesamten östlichen und teilweise des westlichen Mittelmeeres in sklavistische Lieferzonen umzuwandeln, welche permanenten Überfällen fast wehrlos ausgeliefert waren.«[3] Das führte dann zu dem fast das gesamte Mittelmeer umfassenden – erfolgreichen – antipiratischen Feldzug des Pompeius 67 v. Chr. Devor aber fanden die Piraten ihren Platz in der Wirtschaftsordnung, und »die wachsende Nachfrage nach Sklaven war einer der Hauptgründe für ihren Wohlstand und ihre Tolerierung durch die Regierung«[4].

Über das östliche Mittelmeer der Antike heißt es bei der Archäologin Heidrun Derks: »Ab dem 3. Jh. v. Chr. versorgten Seeräuber die aufstrebenden Wachstumsmärkte mit der immer dringender benötigten Ware Mensch.«[5] Und diese symbiotische Beziehung von Piraterie und legaler Ökonomie setzte sich auch nach dem Ende der Antike fort. Daniel Heller-Roazen spricht vom Sklavenhandel als der »einträglichsten Sparte der Piraterie, die sich in den ersten Jahrhunderten der Neuzeit so gedeihlich entwickelt hatte«.[6] Über die frühneuzeitlichen Piraten im westlichen Atlantik heißt es bei David Cordingly, dass »sie dieselben Vorurteile hatten wie andere Weiße in der westlichen Welt. Sie betrachteten schwarze Sklaven als Handelsgüter, die gekauft und verkauft wurden, und sie benutzten sie als Sklaven für die harten Arbeiten und niederen Tätigkeiten an Bord ihrer Schiffe ( ... ) und als Diener für den Piratenkapitän.«[7]

Nicht zufällig lief ja der Weg in die Freibeuterei des ersten englischen Freibeuters von Bedeutung, John Hawkins, über den Sklavenhandel.[8] So war denn auch Jamaikas »Port Royal nicht nur Seeräubernest, sondern zeitweilig der größte Umschlagplatz für schwarze Sklaven in der Karibik«.[9] Und gegen Ende des 17. Jahrhunderts »verschleppten Freibeuter bei Überfällen auf Jamaika so viele Sklaven, dass sie die Insel spöttisch als Little Guinea bezeichneten«.[10]

Arne Bialuschewski kommt auf Grundlage seiner Untersuchung des Verhältnisses von Westafrikanern und Piraten zu einem ähnlichen Schluss wie Cordingly: »Es gibt keinerlei Hinweise darauf, dass befreite Sklaven auf den Piratenschiffen tätig waren, die zwischen 1718 und 1723 in den Küstengewässern West- oder Zentralafrikas unterwegs waren. ( ... ) Nur sehr wenige schwarze

Matrosen wurden in der transatlantischen Schifffahrt angeheuert. (...) Die Geschichte der Piraterie an der Westküste Afrikas ist eine Geschichte von Vergewaltigung und Mord, deren Opfer die schutzlosesten in der atlantischen Welt waren.«[11]

Auch Paul Kuhn geht auf das Thema ein und kommt zu einem überwiegend negativen Urteil. In der Literatur zu den Bukanieren – den piratisch-»frühsozialistischen« Brüdern der Küste – bestehe Einigkeit, »dass die Bukaniere sowohl amerikanische/karibische Indianer als auch Afrikaner als Sklaven hielten«. Er verweist auch auf Exquemelins Aussage: »Ihren Knechten gegenüber sind diese Leute grausam und unbarmherzig. Ich würde lieber drei Jahre auf einer Galeere zubringen als ein Jahr in den Diensten eines Bukaniers.«

Auch von Sklavenjagden der Bukaniere ist die Rede.[12] Bei den Piraten des »Golden Age« war die Situation offenbar ganz ähnlich. Es sei auch darauf verwiesen, dass in den vielgerühmten *Articles*, die den im Kampf verstümmelten Piraten eine Invalidenrente in Aussicht stellen, als Alternative zu den Bargeldbeträgen immer auch eine bestimmte Zahl von Sklaven angegeben ist. Hier ein Beispiel aus Exquemelin: »Ist ein Mann verwundet oder hat er Gliedmaßen verloren, so bekommt er folgende Entschädigung: für den rechten Arm 600 Peseten oder sechs Sklaven, für den linken Arm 500 Peseten oder fünf Sklaven. Für ein verlorenes rechtes Bein erhält man 500 Peseten oder fünf Sklaven (...) Für ein eingebüßtes Auge erhält man ebensoviel wie für einen verlorenen Finger, nämlich 100 Peseten oder einen Sklaven.«[13]

# Piraten als Sklavenhalter

Rediker versichert uns in seinem mit Linebaugh verfassten Piratenbuch »The Many Headed Hydra«: »In Gegenwart des Seemanns fühlt sich der Neger als Mensch.« – So das Zitat eines gewissen James Kelley, 1838, das als Motto dem Buch vorangestellt ist. Wenn der Seemann Pirat war, fühlte sich »der Neger« eher unwohl, nehme ich an.

Einige Beispiele mögen genügen: 1694 ließen sich vor der Küste Guineas Eingeborene an Bord des Piratenschiffs unter Kapitän Every locken, um mit der Besatzung Handel zu treiben. »Doch kaum waren die Afrikaner an Bord geklettert, da nahmen ihnen die Piraten ihr gesamtes Gold ab und machten die Unglücklichen auch noch zu ihren Sklaven.« Zwei Jahre später an der indischen Küste: »Nur fünf arabische Seeleute behielten die Räuber bei sich. Sie mußten fortan als Sklaven den Piraten bei allen schweren Arbeiten zur Hand gehen.«[1]

»Für besonders arbeitsintensive Verrichtungen – wie das ständige Pumpen – wurden auf manchen Piratenschiffen Sklaven gehalten«, konstatiert Robert Bohn; Robert C. Ritchie behauptet gar, dass die Piraten meist Sklaven für die schwere Arbeit einsetzten.[2] Captain Kidds Leute »wollten während der langen Fahrt über den Indischen Ozean, die vor ihnen lag, nicht ständig pumpen ( … ) Es war genau diese Art von unangenehmer harter Arbeit, die die Piratencrews dazu veranlasste, Sklaven an Bord zu halten. Die konnten solche Arbeit erledigen und bei anderer Gelegenheit die Wäsche für die Männer waschen, ihnen die Pfeife anzünden und, wenn sie Frauen waren, sexuelle Dienste leisten.«[3]

Es konnte aber noch schlimmer kommen: 1722 in Whydah, vor der afrikanischen Westküste, ließen die Piraten unter Roberts die gefangenen, nein: *befreiten* Sklaven verbrennen: »Roberts hatte ein Boot mit einigen seiner Leute geschickt, um ein Sklavenschiff zu kapern, die gefangenen Negersklaven an Bord ihres eigenen Schiffes zu bringen und das Sklavenschiff in Brand zu stecken, ›aber da sie es eilig hatten und feststellten, dass es viel Zeit und Arbeit kosten würde, die Sklaven von ihren Ketten zu befreien, setzten sie das Schiff stattdessen in Brand, mit achtzig dieser Unglücklichen an Bord, jeweils zu zweit aneinandergekettet, so dass diese vor die elende Wahl gestellt waren, durch Feuer oder durch Wasser zugrunde zu gehen.‹«[4]

Eine vergleichbare brutale Indifferenz berichtet John L. Anderson von den piratischen Sklavenjägern der Sulu-See: »Neben den bei den Überfällen Getöteten starben einige neue Gefangene den Hungertod, einige wegen der Fesselung, einige an Kummer. (...) Waren die Gefangenen so krank, dass sie nicht rudern konnten, wurden sie über Bord geworfen.«[5]

In der Royal Navy oder auf den britischen und anderen Handelsschiffen fanden sich dagegen zahlreiche freie Schwarze. Bereits 1595 trugen Schwarze zur Verteidigung der englischen Küsten bei und nahmen an den Kämpfen gegen Frankreich, Holland und Spanien teil – viele von ihnen kämpften bei Trafalgar. »Wie im Fall weißer Soldaten konnten auch Afrikaner, Westinder und Asiaten in England für ›unbefristete Zeit‹ rekrutiert werden«, und das bedeutete »Festanstellung« als »Fachkräfte oder reguläre Soldaten«. Freie wie versklavte Schwarze teilten allerdings auch insofern dasselbe Schicksal mit den weißen Engländern, als sie ebenfalls der Gefahr ausgesetzt waren, »an den Küsten Amerikas oder Westafrikas aufgegriffen und gewaltsam in Dienst auf Schiffen der Royal Navy gepresst zu werden«.

*Lascars* – indische Seeleute – wurden oft angestellt. Den *Navigation Acts* von 1660 zufolge mussten 75 Prozent der Mannschaft eines registrierten Schiffes Briten sein, aber das änderte sich bald mit der wachsenden Nachfrage nach Arbeit. Die East India Company heuerte ab 1730 Lascar-Seeleute an. Schwarze und asiatische Seeleute dienten also an Bord englischer Kriegs- und Handelsschiffe, und zwar gleichberechtigt: »Schwarze Matrosen wurden genauso wie die weißen behandelt, und alle Mannschafts-Dienstgrade standen ihnen offen.« Der Aufstieg in den Offiziers- und Kapitänsrang war offiziell nicht ausgeschlossen, doch standen dem starke soziale Widerstände entgegen.[6]

Die Royal Navy hatte aber mit dem Mulatten John Perkins, der 1812 starb, einen British Royal Navy Offizier, der einer der erfolgreichsten Kapitäne seiner Zeit wurde. Keiner der bei Exquemelin und Captain Johnson erwähnten Piratenkapitäne hingegen ist nichtweißer Hautfarbe.

Im Buch des britischen Marinehistorikers N. A. M. Rodger, »The Wooden World. An Anatomy of the Georgian Navy«, London 1986, heißt es: »Eine weitere Minderheit, die positiv zur Besetzung der Navy beitrug, waren die Schwarzen. In Amerika und auf den karibischen Inseln gab es viele schwarze Seeleute, Sklaven sowohl wie Freie, und sie waren offenbar in der Navy häufig anzutreffen, obwohl es unmöglich ist, Zahlen anzugeben, da sie offiziell in keiner Weise von den anderen unterschieden wurden.« Die relativ liberale Einstellung der Navy spielte dabei eine Rolle; professionelle Fähigkeiten waren wichtiger als die Hautfarbe. Rodgers spricht von »der relativ liberalen Einstellung der Navy in Fragen der Hautfarbe«[7] und nennt John Perkins »das bemerkenswerteste Beispiel für die Navy als einen Berufsstand, der Leistung honorierte, wo auch immer diese in Erscheinung trat«.[8] Ein Schwarzer dürfte sich also in der britischen Marine eher als Mensch gefühlt haben als auf einem Piratenschiff.

Die Piraten teilten nicht nur die Vorurteile ihrer Zeit und beuteten nicht nur die in ihre Hände gefallenen Sklaven aus, sie beteiligten sich auch an Sklavenjagd und Sklavenhandel. Bohn weist darauf hin, dass sich einer der berühmtesten und erfolgreichsten Piratenkapitäne, Henry Every, am afrikanischen Sklavenhandel beteiligte. »Dabei scheint er noch skrupelloser zu Werke gegangen zu sein als die wegen ihrer Rücksichtslosigkeit berüchtigten Sklavenhändler der englischen Royal African Company.«[9]

Bartholomew Roberts bemächtigte sich an der Küste Guineas um 1725 herum mehrerer Sklavenschiffe, »aber nicht etwa um die Versklavten zu befreien, sondern diese gewinnbringend an illegale Menschenhändler weiterzuverkaufen«[10]. Von Kempe erfahren wir auch: »Viele der Roundsmen hatten sich darauf spezialisiert, während ihrer Raubfahrten entlang der ostafrikanischen Küste und auf Madagaskar Einheimische zu versklaven.« Auf indirektem Wege beteiligten sich die Piraten damit an der Erschließung neuer Märkte für den Sklavenhandel.[11] Es mutet schon sonderbar an, wenn Rediker den Schaden, den die Piraten zu Beginn des 18. Jahrhunderts dem Sklavenhandel zufügten, als Beweis für deren Antisklaverei-Haltung anführt.[12] Sie fügten auch dem Handel mit Zucker enormen Schaden zu, ohne dass sich daraus eine Feindschaft gegen Zucker ableiten ließe.

Vielleicht darf man Rediker auch daran erinnern, dass es nicht die Piraten, sondern der von ihm als *terroristisch* bezeichnete englische Staat war,[13] der die Sklaverei abschaffte. Kuhn sieht das ähnlich: »Die Bedrohung des Sklavenhandels durch die Piraten des Golden Age ergab sich nicht aus dem Kampf der Piraten für gleiche Rechte oder für eine frühe abolitionistische Überzeugung, sondern aus der Störung seiner Handelswege, indem sie seine >Fracht< stahlen und seine Geschäfte kostspieliger machten.«[14]

# Die Barbareskenstaaten

Il n'y a pas d'esclavage sans piraterie.

*Roland Courtinat*: »La piraterie barbaresque en Méditerranée«.[1]

»Wenn ich die meisten Amerikaner fragen würde, was ihnen zu den Wörtern ›Sklave‹ und ›Sklaverei‹ einfällt, würde ich wahrscheinlich das Bild eines in Mississippi baumwollpflückenden Afroamerikaners bekommen oder von Afrikanern, die in den Laderaum eines Sklavenschiffes gepfercht werden. Wenn aber einem Engländer 1670 oder 1710 dieselbe Frage gestellt worden wäre, hätte er aller Wahrscheinlichkeit nach auf weiße Landsleute verwiesen, die an der englischen Küste oder auf einem Schiff von Korsaren der Barbareskenstaaten gefangengenommen und zur Schwerarbeit oder Lösegeldzahlungen wegen in das muslimische Nordafrika transportiert worden waren. Etwa drei Jahrhunderte lang versklavten muslimische Beutefahrer, oft unterstützt von europäischen Renegaten, englische, irische, schottische, französische, iberische, amerikanische und selbst skandinavische und isländische Gefangene, die im Maghreb die Zahl der anderen Sklaven aus Russland, Italien, dem Balkan und dem subsaharischen Afrika vermehrten. Von 1600 bis 1750 wurden mindestens 20 000 Briten und Iren in Nordafrika als Sklaven gehalten.«[2]

Die Barbareskenstaaten stellten eine einzigartige Symbiose von Piraterie, Sklavenjagd und Sklavenhandel dar, von sklavistischer Gesellschaft und Piratenstaat. Courtinat schreibt über die Piraterie im westlichen Mittelmeerraum des 16. Jahrhunderts, dass sie das handwerkliche Stadium überschritten habe, um eine Angelegenheit großer Unternehmen zu werden, vor allem von Stadtstaaten. In Algier werde die Sklaverei als eine staatliche Institution betrieben. Ohne Piraterie und Sklaverei »wäre das Land ruiniert gewesen, die Bevölkerung hungrig, die Galeeren entwaffnet«.[3] Zu Beginn der Neuzeit machten die europäischen Sklaven etwa ein Viertel der Bewohner Algiers aus, einer Stadt, »deren Existenz auf der Piraterie der Korsaren und der Sklaverei beruhte«.[4]

Egon Flaig gibt folgende Zahlen: »Sowohl reguläre Flotten als auch Piraten der Berber-Emirate des Maghreb verwüsteten Küstenstriche des westlichen Mittelmeeres und versklavten zwischen 1530 und 1780 etwa 1,2 Millionen Europäer, von denen weniger als 5 % entflohen oder freigekauft wurden.«[5]

Salvatore Bono zufolge bot die Beute der Kaperschiffe »die Grundlage für alle ökonomischen Aktivitäten der Barbaresken«[6], sie war somit ein zentraler Wirtschaftsfaktor.[7] Und so blieben auch die Versuche der europäischen Regierungen erfolglos, Friedens- und Handelsverträge mit den Regierenden der Barbareskenstaaten abzuschließen, da die absolute Abhängigkeit der nordafrikanischen Wirtschaft von den geraubten Menschen und Gütern die Einhaltung der geschlossenen Verträge letztlich hinfällig machte.[8]

Auch Salvatore Bono geht in »Piraten und Korsaren im Mittelmeer« auf diesen Aspekt ein.[9] Kempe schlägt den Begriff »mediterrane Sklavenraubfahrer« für die betreffenden Piraten vor.[10] Sie begründeten die »systematische Versklavung europäischer und amerikanischer Seefahrer und von Dorfbewohnern der europäischen Küsten«, die drei Jahrhunderte dauern sollte.[11]

Giuseppe Bonaffini spricht in »Un mare di paura« von der beständigen Bedrohung, der die europäische Bevölkerung an den Küsten des Mittelmeers ausgesetzt war. Die Versklavung der Küstenbewohner durch die *corsari barbareschi* war ihm zufolge »eine der erschütterndsten Heimsuchungen der Neuzeit für die Bevölkerung des Mittelmeers, die jahrhundertelang daran gewöhnt war, mit der Präsenz dieser Korsaren zu leben …«. Das habe eine »durch die Korsarenangriffe bedingte Psychose« bei den Sizilianern ausgelöst; Bono spricht von einer dadurch entstandenen »jahrhundertealten, tiefverwurzelten Angst«; die Erzählungen von den Überfällen der Korsaren und der Versklavung der Bewohner hätten »sich tief ins Bewusstsein der Menschen eingeprägt«.[12]

Im 17. Jahrhundert wagten sich die Barbaresken-Korsaren bis in den Ärmelkanal, an die Südküste Irlands, in die Nordsee. 1627 gelangten sie bis nach Island und verschleppten 800 Bewohner in die Sklaverei. 1220 Bewohner Madeiras wurden 1617 in die Sklaverei entführt, 1631 waren es 237 Iren aus Baltimore an der Südküste Irlands, um nur einige Beispiele zu nennen.

Die Mortalitätsrate der Versklavten in den Barbareskenstaaten betrug 20 %. Der sowjetische Gulag wies seine höchste Mortalitätsrate im Zweiten Weltkrieg auf: 20–25 %; von den 18 Millionen Menschen im Gulag 1930–53 kamen zwischen 1,5 und 1,7 Millionen infolge ihrer Haft ums Leben, also weniger als 10 %.[13] »Das nordafrikanische Sklavengefängnis war ein ebenso grausames Merkmal jener Zeit wie es das Arbeits- oder Konzentrationslager für die unsere war. Die Barbareskenstaaten waren der Archipel Gulag der christlichen Welt «[14]

1841 kam es zu einem multilateralen Vertrag, welcher den Sklavenhandel auf eine Stufe mit der Piraterie stellte. Schon 1665 hatte der puritanische Geistliche Richard Baxter Sklavenhändler und -halter als »gemeinsame Feinde der Menschheit« verurteilt, mit denselben Worten also, die traditionell den Piraten galten.[15] So wuchs auch rechtlich zusammen, was zusammengehört.

Zur neuzeitlichen Piraterie im Mittelmeer finden sich mittlerweile die erstaunlichsten Euphemismen: »Michel Fontenay zufolge trug der Korsarenkrieg dazu bei, dass der Handel im Mittelmeer auch nach der Entdeckung der neuen Welt ( … ) nicht zum Erliegen kam.«[16] Wie erhält man den Handel am Leben, indem man die Händler ausraubt und versklavt? Wenn der Handel nicht zum Erliegen kam, dann trotz der Piraten, nicht dank ihrer

Raubzüge. Ähnlich heißt es bei Linda Colley: »Die Tätigkeit der Barbaresken-Korsaren ermöglichte die Kommunikation und den Handel zwischen verschiedenen Kulturen, während er nur zu Konflikten zwischen ihnen zu führen schien.«[17] Piraterie als kultureller Brückenbauer! So *scheinen* ja auch die Eroberungszüge der Konquistadoren nur zu Konflikten und Beraubung geführt zu haben, während sie in Wirklichkeit Kommunikation und Tauschhandel zwischen verschiedenen Kulturen ermöglichten.

Bei Kempe heißt es: »Nachdem in der älteren Forschung der religiös und kulturell geprägte Konflikt zwischen christlichen Europäern und nordafrikanischen Muslimen im Vordergrund stand, legen neuere Arbeiten hingegen den Akzent auf die Genese eines gemeinsamen Rechtsraumes geteilter Normen, Bräuche und Rituale, der im Mittelmeer gerade durch die Korsarenaktivität auf beiden Seiten geschaffen worden sei. In Anknüpfung an Fernand Braudels epochemachendes Werk über die mediterrane Welt in der Epoche Philipps II. betonen Historiker wie Salvatore Bono, Lauren Benton oder Christian Windler zu Recht die Brückenfunktion der europäischen und arabischen Korsaren für transmaritime Kommunikation im Sinne christlich-islamischen Dialoges.«[18] Dieser letzte Satz ist gar zu sonderschön. Dem Impressum des Buches ist zu entnehmen, dass es »mit Unterstützung des Exzellenzclusters ›Kulturelle Grundlagen von Integration‹ an der Universität Konstanz« gedruckt wurde.

# Piratische Raubzüge als Mittel
## der Umverteilung?

Zum Bild des Piraten als maritimen Robin Hood gehört notwendig die Unterstellung, dass von dessen Raubzügen einzig die Reichen und Mächtigen betroffen waren, nicht aber die Armen und Machtlosen, denen sie wohl gar noch zugutekamen. So etwa Anne Pérotin-Dumon: Die piratische Aggression, schreibt sie, »wird von marginalisierten Gruppen begangen, die sich den Reichtum der Wohlhabenderen anzueignen (›to appropriate‹) bemüht sind«. Mit dem Terminus »to appropriate« – statt »to rob« –, und zwar den »Reichtum der Wohlhabenderen«, soll diese »Aggression« legitimiert werden.

Dieses Bild entspricht nicht der Realität. Es verrät vielmehr das klischeehaft-kitschige, sozialfrömmelnde Piratenbild. Bauern und Fischer, einfache Händler, Handwerker und Arbeiter waren von jeher und überall auf der Welt nicht weniger die Opfer der Piraten.

Die Solidarität der Piraten reichte nie über ihre eigene Mannschaft hinaus, galt allenfalls der Gesamtheit der ihnen bekannten und ethnisch und sprachlich nahestehenden anderen Piraten. Die nichtpiratische Bevölkerung war prinzipiell zum Raub freigegeben.

»Der harte Kern der Piratengemeinschaft erkannte keine andere Bindung als die zu anderen Mitgliedern ihrer eigenen Gruppe.«[1] Das findet sich bereits in den Schilderungen der Piraterie durch Thukydides, der deren tribale Grundlagen betonte. »Wenn Menschen auf tribaler Grundlage organisiert sind«, kommentiert ihn Ormerod, »sind Krieg und Piraterie nahezu ununterscheidbar. Der Ertrag beider stammt von außen, und einzig innerhalb des Verbandes ist Diebstahl verboten.«[2]

Wie andere Gruppen des organisierten Verbrechens und kriminelle Bruderschaften sahen sich die Piraten als *uomini d'onore*, nannten sich »Honest Men« und »Gentlemen« und rühmten sich ihres Gewissens und ihrer Ehre.[3] So nannte sich die Crew des Piratenkapitäns Sam Bellamy »Robin Hoods Männer«.[4] Das ging mit der Verachtung der Außenstehenden, Nicht-Dazugehörigen einher, denen gegenüber alles erlaubt war.

De Bucquoy erwähnt als wichtigste Artikel der Piratensatzung: »1. Alles, was außer ihrer Kompanie ist, für Feinde zu erklären, niemandem zu trauen, andern durch Gewalt und List das ihrige zu rauben, niemandem, der sich wehrt, das Leben zu lassen ( ... ) 2. Einander bis auf den letzten Mann getreu zu sein und beizustehen. Wer hierbei seine Pflicht versäumt, den kann man ungestraft vor den Kopf schießen.«[5] Und so streng auch die in den *Articles* festgelegten Strafen gewesen sein mögen, dies galt nicht mit Blick auf solche Verbrechen, die an Außenstehenden begangen wurden.

Darin unterschieden sich die Piraten nicht von den Kriminellen zu Lande. In seiner Untersuchung zu den Räubern und Gaunern vor allem des 18. Jahrhunderts in Deutschland stellt Uwe Danker die Frage, wie weit der Unterschied von arm und reich für jene bei der Wahl ihrer Opfer relevant war. Jedenfalls »demonstrierten unsere Banditen keinerlei Solidarität mit sesshaften einfachen Leuten oder ›wahren‹ Armen zum Beispiel. ( ... ) Nein, für die Annahme einer bewussten Solidarität mit bestimmten Bevölkerungskreisen gaben unsere Banditen selbst nicht den geringsten Anlass. Für sie teilt sich die Gesellschaft in Kochemer (sie selber) und Wittische (die anderen). Als wittischer, ›tummer Mensch‹ galt prinzipiell, wer nicht zu den Kochemer zählte.«[6]

Um wieder zu den Piraten zurückzukehren – die vorliegenden historischen Dokumente geben keinen Hinweis darauf, dass sich Piraten auf seiten der Armen gestellt hätten.[7] Auch Snelders kommt zu dieser Schlussfolgerung: Versuche, die Piraten als Rollenvorbilder gesellschaftlicher Befreiung auszugeben, verbieten sich schon allein aufgrund der ethischen Problematik ihrer Aktivitäten und vor allem im Hinblick auf ihre Gewaltsamkeit, »die sich nicht nur gegen die ›Hohen und Vornehmen‹, sondern auch gegen wehrlosere Opfer richtete«.[8] Er weist darauf hin, dass die Söldnerarmeen der europäischen Kriege Tributzahlungen von kleinen Städten und Dörfern eintrieben, »wie es die Bukaniere im Fall der Küstendörfer taten«.[9]

Diese Gewaltsamkeit und Habgier richtete sich auch gegen das seefahrende Proletariat: Wurde ein Schiff gekapert, so hielten die Piraten sich an den Habseligkeiten der überwältigten Besatzung schadlos.[10] Und diese Praxis scheint sich bis auf den heutigen Tag erhalten zu haben: Von den Piraten des indischen Subkontinents berichtet Eigel Wiese in seinem Buch »Piraterie«: »Die Piraten räumen nach einem gelungenen Überfall die Vorratsräume der Schiffe aus, nehmen Teil der Ladung an sich und erpressen den Zugang zum Bordtresor. Auch die Mannschaften müssen ihr Bargeld abgeben.«[11]

Im 19. Jahrhundert scheinen vor allem die relativ wehrlosen Seefahrer und Küstenbewohner Opfer der Piraterie in den chinesischen wie in südostasiatischen Gewässern gewesen zu sein. Und das änderte sich auch im 20. nicht. Die höchste Zahl von Opfern der Piraterie im 20. Jahrhundert stellten die vietnamesischen Boat People, vor allem in den Jahren 1978/79. In neuerer Zeit forderte dieser Fall von Piraterie die meisten Opfer.[12] Die Brutalität, mit der die Piraten über die Flüchtlinge herfielen, raubend, vergewaltigend, mordend, hätte eigentlich aller Robin-Hood-Piraten-Romantik ein Ende bereiten müssen. Das war keineswegs der Fall. Möglicherweise wurde das aber auch gar nicht als Piraterie wahrgenommen, es war gar zu abstoßend.

1720 segelt Kapitän Rackam – zusammen mit den piratisch-feministischen Paradepferden Anne Bonny und Mary Read –

»durch die Windward Passage und unterbrach seine Fahrt nur, um eine kleine Flotte von Fischerbooten der Bahamas zu plündern«.[13] – Captain Johnson berichtet über Rackams weitere Aktivitäten 1720: »Anfang September brachten sie auf Harbour Island sieben oder acht Fischkutter in ihren Besitz, stahlen ihre Netze und anderes Gerät und begaben sich dann zum französischen Teil von Hispaniola, gingen dort an Land und stahlen Vieh … «[14] – sich den Reichtum der Wohlhabenderen aneignend, um mit Anne Pérotin-Dumon zu sprechen. Im selben Jahr tauchte Captain Roberts vor Neufundland auf: »Sie liefen mit fliegenden schwarzen Fahnen in den Hafen von Trepassey ein ( … ) Im Hafen lagen zweiundzwanzig Schiffe, die die Mannschaften beim Anblick der Piraten alle verließen und an Land flüchteten. Es ist unmöglich, insbesondere die Zerstörung und Verwüstung zu schildern, die sie dort anrichteten, indem sie alle Schiffe verbrannten und versenkten ( … ) die Fischereianlagen und die Landebrücken der Siedler zerstörten, was den Opfern wohl Anlass zu der folgenden Überlegung sein konnte: dass nämlich nichts so beklagenswert ist wie Gewalt in den Händen böser und unwissender Menschen, es macht sie ( … ) gleichgültig gegenüber dem Unglück, das sie ihren Mitmenschen zufügen.«[15]

Exquemelin berichtet von dem Piraten Lolonois (l'Ollonais) und seinen Schiffen: »Zuerst nahm die Flotte Kurs auf eine Ortschaft namens Matamano am Südende von Cuba. Lolonois und seine Leute beabsichtigten, sich dort der Kanus zu bemächtigen, welche die Einwohner zum Fang von Schildkröten benützten. ( … ) Sie beraubten also jene Unglücklichen ihrer notwendigsten Gerätschaften und schleppten einen Teil von ihnen mit.« Im Golf von Honduras dann: »Mit einigen Kanus erreichten sie den Xaguastrom, plünderten die Wohnstätten der dort hausenden Indianer und erbeuteten Mais, Schweine, Hühner und Truthühner. Doch damit war ihre Beutegier noch nicht befriedigt, ( … ) sie segelten die Küste entlang und plünderten ein Dorf nach dem anderen. Dabei verfuhren sie so gründlich, daß die Einwohner in Hungersnot gerieten.«[16]

Dampier berichtet von Piratenzügen an der amerikanischen Pazifikküste: »So stießen wir dann auf den Eseltreiber und nahmen ihn mitsamt seinen Eseln und den darauf geladenen Gütern gefangen ( ... ) Wir nahmen die Eßwaren alle an uns, ließen ihm aber das irdene Geschirr, weil wir es nicht brauchten. ( ... ) Auch töteten wir etliche Kühe und ließen sie zu unseren Kanus bringen.«[17]

Die meisten der von den Barbaresken-Korsaren im Mittelmeergebiet versklavten Menschen waren arme Fischer und Bauern.[18] Das betont auch Linda Colley.[19]

In seiner Arbeit über die Piraterie in Südchina gegen Ende des Kaiserreiches erklärt Robert J. Antony, wie sehr sich die chinesischen Piraten seiner Ansicht nach von den westlichen unterschieden: »Die chinesischen Piraten waren keine Hobsbawmschen >Sozialbanditen<, die die Reichen beraubten, um es den Armen zu geben, oder die eine Art primitives Klassenbewusstsein manifestierten. In dieser Hinsicht unterschieden sie sich erheblich von den westlichen Piraten. Sie beraubten, entführten und ermordeten vielmehr jeden, der ihnen in die Quere kam. Ihre Opfer wurden unterschiedslos nicht nur Schiffskapitäne und reiche Kaufleute, sondern auch arme Fischer und Seeleute.«[20] Bemerkenswert, wie ein auf seinem Gebiet der fernöstlichen Piraterie kenntnisreicher Forscher die Redikersche Lesart der westlichen Piraten als selbstverständliches, allgemein anerkanntes Wissen unterstellt.

»Robbing the rich to give to the poor«– das ist längst ein gedankenloser Reflex geworden, wenn von Piraten die Rede ist.

Organisierte Piraterie als Sozialstaat avant la lettre

Zu den von den Piraten vermeintlich bewirkten politischen und
sozialen Wundern gehören auch ihre Sozialgesetze: die Kranken-
versicherung, Invaliditätsversicherung, Alters-, Rentenversiche-
rung, die Behindertenversorgung: praktisch die sozialstaatliche
Fürsorge vor der Zeit.

»Es gab auch allgemein verbreitete humanitäre Regelungen,
die für die damalige Zeit in geradezu unerhörter Weise fortschritt-
lich waren. Man hatte eine Art rudimentärer Sozialversicherung
entwickelt; sie betraf die Entschädigung für Verwundete. Vor Auf-
teilung der Beute nämlich erhielten Versehrte je nach Schwere
der Verwundung und der voraussehbaren Beeinträchtigung der
Erwerbsfähigkeit genau spezifizierte Anteile.«[21] – So das Lob des
deutschen Soziologen Heiner Treinen für die piratische Sozialversicherung.

Das angeblich Außergewöhnliche und historisch Frühzeitige
solcher Regelungen wird auch von Rediker herausgestellt: »Er-
staunlicherweise nahmen die Piraten beim Entwurf ihrer Schiffs-
ordnung eine moderne Idee vorweg, die viele für eine der humans-
ten unserer Zeit halten: ihr eigenes Sozialversicherungssystem zu
schaffen.« Aus einem »Gemeinschaftsfond« sollten die Männer
entschädigt werden, »die sich nachhaltige Verletzungen zugezo-
gen hatten, Erblindung etwa oder den Verlust von Gliedmaßen.
(…) Außerdem sahen sich die Opfer von Unfällen und den daraus resultierenden Behinderungen keinen Diskriminierungen
an Bord der Piratenschiffe ausgesetzt.« Aber Rediker selbst erwähnt *en passant*, dass der *Act for the more effectual suppression
of piracy* von 1700 »Pensionen vorsah für die bei der Verteidigung des Schiffs Verwundeten; im Todesfalle sollte das Geld der
Frau und den Kindern des Seemanns zukommen«. Dem *Law
of Piracy* von 1721 zufolge sollten im Kampf gegen Piraten ver-

wundete Seeleute so versorgt werden, als ob sie im Dienst der Krone stünden.[22]

Edward Theophilus Fox hingegen kann nichts Erstaunliches oder Antizipatorisches in der piratischen Sozialfürsorge erblicken. So schreibt er in dem Kapitel »Piratical Schemes and Contracts«, dass es modernen Lesern so vorkommen mag, man aber bezweifeln dürfe, dass irgendein Zeitgenosse, der etwas von Marineangelegenheiten verstand, das ebenso sah. Bereits 1590 hätten die Admirale Hawkins, Howard und Drake die *Chatham Chest* gegründet, einen Wohlfahrtsfonds für Angehörige der Kriegsmarine, in den jeder bei der Navy angestellte Mann jeden Monat Sixpence aus seinem Lohn einzahlte, und aus dem wiederum Pensionen an Seeleute ausgezahlt wurden, die während ihrer Dienstzeit verwundet worden waren.

Fox nennt weitere, frühere Beispiele für solche Sozialversicherungen. »Seit 1696 waren alle Seeleute, ob sie in der Royal Navy dienten oder in der Handelsmarine, verpflichtet, monatlich Sixpence aus ihrem Lohn für den Unterhalt des neu gegründeten Greenwich Hospitals zu zahlen.« Übrigens eines der beeindruckendsten Werke der britischen Architektur – von keinem Geringeren als Christopher Wren erbaut. Analog dazu und ebenfalls von Wren entworfen diente das Royal Chelsea Hospital seit 1691 den Veteranen und Kriegsinvaliden der British Army – als Vorbild diente das Hôtel des Invalides in Paris. Auch in Frankreich kümmerte man sich offenbar um seine Kriegsinvaliden. Zuvor schon hatte das Royal Hospital Kilmainham in Dublin, errichtet 1679–1687, dessen Architektur ebenfalls dem Hôtel des Invalides folgte, als Heim für verabschiedete Soldaten gedient.

Zur Zeit der vielbewunderten einschlägigen piratischen *Articles* dürfte jeder einzelne aktive Seemann mit dieser Idee vertraut gewesen sein, und die Gemeinschaftskasse der Piraten und ihre Schmerzensgeld-Zahlungen können als Fortsetzung üblicher

Praktiken gelten. Offensichtlich übernahmen die Piraten Gepflogenheiten, »die ihnen aus ihrer früheren gesetzmäßigen Anstellung vertraut waren und schufen ein Wohlfahrtssystem, das in allen wesentlichen Punkten dasselbe war wie das, von dem manche von ihnen vielleicht profitiert und zu dem sie praktisch alle während ihrer früheren Laufbahn als Seeleute im legitimen Dienst Beiträge geleistet hatten.«[23]

Patrick Pringle geht in »Jolly Roger. The Story of the Great Age of Piracy« sogar so weit zu behaupten, dass die Piraten in der Praxis »konservativ und imitativ« vorgegangen seien. »Die *Articles*, die die Piraten vor jedem Beutezug aufsetzten, beruhten wie die *Articles* der Bukaniere auf denen, die normalerweise auf den Freibeuterschiffen (*privateers*) galten und die vielen Piraten vertraut waren. Die Vorstellung, dass die Piraten ihre eigenen Gesetze und Bräuche erfanden, ist falsch.«[24]

Der Gegensatz von fürsorglichen und vorausblickenden Piraten im Bereich der Krankenfürsorge etc. und der Royal Navy als »einer Art schwimmenden Konzentrationslagers« wird von dem englischen Marinehistoriker Nicholas A. M. Rodger in »The Wooden World. An Anatomy of the Georgian Navy«, London 1986 dementiert. Nach vielen Versäumnissen wurde 1761 das neue Marine-Hospital in Haslar eröffnet. »Es war viele Jahre lang das größte Backsteingebäude in Europa und eines der kostspieligsten Projekte, das die Navy je im 18. Jahrhundert ausgeführt hatte (es kostete über 100 000 Pfund, fast das Doppelte der Kosten für die Admiralität selber oder genug für drei Schlachtschiffe). Haslar stellt bis zum heutigen Tag ein beeindruckendes Zeugnis dar für die Bedeutung, die die Navy der Krankenversorgung zumaß ...«[25]

Tatsächlich sind Maßnahmen zum Schutz der Seeleute und ihrer Familien im Fall von Krankheit, Behinderung, Tod sehr alt. Gegen 1160 erließ Eleonore von Aquitanien die *Roles d'Oléron*, ein zunächst zehn Artikel umfassendes Gesetzeswerk zur rechtlichen Regelung der Seefahrt.[26] Sie scheinen auch die piratischen *Articles* beeinflusst zu haben, z. B. die »Obligations« des Piratenkapitäns George Cusack, der sich darauf als die »Lawes of Pleron« berief.

»Die Pflicht des Schiffseigners für einen kranken Seemann zu sorgen ist mindestens so alt wie die Laws of Oléron«, schreibt Bromley, »aber Entschädigungen für die Behinderten entstanden sehr viel später.« Auch er sieht in der *Chatham Chest* der Royal Navy den Beginn dieser Fürsorgemaßnahme.[27]

Bono weist darauf hin, dass es trotz der katastrophalen Zustände an Bord der Galeeren dennoch »Bemühungen für ein Mindestmaß an medizinischer Versorgung« gab; sowohl für die päpstliche Flotte wie anscheinend auch für die Galeerengeschwader anderer christlicher Länder galt, dass für jede dieser Einheiten ein Schiffsarzt zuständig sein sollte. In der Mitte des 17. Jahrhunderts wurden in den Häfen der europäischen Galeerenflotten die ersten Hospitäler eingerichtet, die eigens für die Aufnahme erkrankter oder verletzter Besatzungsmitglieder bestimmt waren. In Civitavecchia seit 1660, Neapel seit 1670, dann in Livorno, dem Hafen der toskanischen Stefansritter.[28]

Aber von der Seefahrt, piratisch oder nicht, einmal abgesehen, zeigt schon ein Blick auf die mittelalterlichen Gilden und Zünfte, Bauhütten und Bruderschaften, zumal die Söldner- und Kriegergilden, wie wenig neu der Gedanke der sozialen Absicherung war.

## Piratische Grausamkeit

Die hinreichend bekannte und dokumentierte Grausamkeit und Brutalität der Piraten mochte dem populären Piratenbild einen gewissen düsteren Reiz verleihen, doch für die Piratophilen stellte dies ein Problem dar, das irgendwie aus der Welt zu schaffen oder doch zumindest in seinem Ausmaß reduziert werden musste. »Wir sind von der Gewaltsamkeit fasziniert«, behauptet Rediker angesichts der Piraten des Golden Age, »aber das Blut verbirgt das Gold«. Bekundeten sie doch »hohe Ideale« und forderten die Konventionen von »Rasse, Gender und Nation« heraus.[29]

1682 nahmen Bukaniere Havana ein. »Die folgenden Ereignisse gehören zum vertrauten Bild der Verwüstungen und Plünderungen. Die Bukaniere ( … ) schlossen so viele Menschen in die Hauptkirche ein, dass nach vier Tagen ohne Nahrung, ohne Wasser oder einen Platz, um sich niederzulassen, mehr als 300 Personen dort umkamen.[30] Exquemelin sagte den plündernden Piraten nach, dass sie mehr aus Neigung als aus Notwendigkeit Blut vergössen.

Über die Eroberung Maracaibos durch Henry Morgan berichtet er: »Die Gefangenen folterte man in gewohnter Weise, um aus ihnen Nachrichten herauszupressen. Der eine wurde gewippt und geschlagen, dem anderen steckten sie brennende Lunten zwischen die Finger und Zehen; einem dritten schnürten sie ein Tau so fest um den Kopf, bis ihm die Augen aus den Höhlen traten. Wer nicht aussagte, wurde ermordet.«[31]

Robert Bohn gehört zu den Autoren, die in dieser Frage kein Blatt vor den Mund nehmen: Über die Bukaniere des 17. Jahrhunderts schreibt er, dass sie »an Verwegenheit und Roheit kaum zu überbieten« gewesen seien. Er spricht von »entgrenzten sadistischen Exzessen« und verweist auf besonders üble Charaktere unter den Anführern«, allen voran l'Ollonais, der ein wahrer Psychopath gewesen sei,[32] laut Mitchell sogar »a rip-roaring psychopath«.[33] Der von l'Ollonais geleitete Überfall auf Maracaibo und das in der Nähe gelegene Gibraltar kostete »knapp tausend Spaniern, Männern, Frauen und Kindern ( … ) das Leben, an die fünfhundert Frauen, Kinder und Sklaven gerieten in Gefangenschaft.« Gefangene, die, wie Exquemelin schreibt, die Piraten für reich hielten, »folterten sie täglich, und wer nichts verriet, wurde getötet«. Auch wer nichts zu verraten hatte. Als nächstes geht es an die Küste von Nikaragua. »Auch hier sind uns wieder Akte bestialischer Grausamkeit l'Ollonais' überliefert.« Als Henry Morgan 1668 Portobello einnimmt, wird die Stadt 31 Tage lang gebrandschatzt. 1669 ist wieder Maracaibo an der Reihe. Bohn zufolge war Morgan, seitdem er die Bukaniere befehligte, »zusehends grausamer und menschenverachtender geworden und in mancherlei Hinsicht durchaus mit den Anführern vom Schlage eines l'Ollonais oder Montbars (›Exterminator‹) zu vergleichen.«[34]

Der »psychopathische Edward Low« ist ein weiterer von den Goldjungs mit hohen Idealen, die Rediker uns zur Bewunderung anempfiehlt. Als Low die Mahlzeiten eines auf einem französischen Schiff gefangengenommenen Kochs nicht zusagten, »meinte er, dass der Mann, ›ein öliger Kerl, im Feuer gut braten würde, und so wurde der arme Mann an den Großmast gebunden und mitsamt dem Schiff verbrannt, unter nicht geringem Gespött Lows und seiner Kumpane‹.« Und so geht das weiter. Vor der honduranischen Küste dann: »Low massakrierte fast 60 Mannschaftsmitglieder.« Vor der nordamerikanischen Küste kapert Low »eine kleine Schaluppe aus Nantucket, deren Kapitän (…) die Piraten auf grausame Weise nackt über Deck peitschten und seine Folter zu ihrem spaßhaften Zeitvertreib machten; danach schnitten sie ihm die Ohren ab und schossen ihn zu guter Letzt durch den Kopf und versenkten sein Schiff.«

Auftritt Captain Spriggs, der es an Grausamkeit anscheinend mit dem psychopathischen Low aufnehmen konnte. Captain Johnson beschreibt die Folterung portugiesischer Gefangener, die man – angetrieben von einem Kreis mit Messern bewaffneter Piraten – so lange um den Großmast rennen ließ, bis sie vor Erschöpfung zu Boden fielen. Captain Roberts brauchte sich da nicht zu verstecken. Im Jahre 1721 nahmen seine Piraten ein holländisches Schiff ein und massakrierten dann dessen Mannschaft – weil sie

Widerstand geleistet hatten. Vor der Elfenbeinküste kapert Roberts die Schiffe mehrerer Sklavenhändler; eines davon, das nicht die gewünschte Beute an Goldstaub erbrachte, »wurde bis an die Wasserlinie verbrannt, während seine menschliche Fracht noch an Bord war«[35].

Ich denke, man kann von Folgendem ausgehen: »Die methodische und intensive Zufügung von Schmerzen, wofür die Piraten bekannt sind, war kein Hirngespinst von Autoren, die Seegeschichten für eine auf Abenteuer versessene Leserschaft schrieben. Sie war real und oft in höchstem Grade makaber.«[36]

Edward Theophilus Fox führt eine Reihe von Vergehen gegen Gefangene an (besonders abstoßend sind die Beispiele für den sadistischen »Humor« einiger Mannschaften) und spricht von »mehreren elaborierten Foltertechniken, die sowohl psychologische wie physische Traumata bei ihren Opfern hervorrufen sollten«. Er hält die Liste der von den Piraten an ihren Opfern begangenen Misshandlungen, Ermordungen und Foltern für »zu umfangreich, um sie vollständig aufzuführen.« Keines der von Fox aufgeführten Beispiele und auch keine anderen Misshandlungen von Gefangenen scheinen – mit einer Ausnahme – zu irgendeiner Bestrafung oder auch nur Ermahnung der Täter geführt zu haben.[37]

Berichte über die »willkürliche Grausamkeit der Bukaniere und Piraten sind zu häufig, um sie einfach außer acht zu lassen«, erklärt auch Kuhn, um dann doch die üblichen Rationalisierungen anzuführen.

*Übertreibungen* – Autoren wie Exquemelin und Johnson wollten schließlich ihre Bücher verkaufen, und »gory sensationalism« (»blutrünstige Sensationshascherei«) diene dem damals wie heute. Kein einziges Argument, die betreffenden Stellen zu widerlegen, zu bezweifeln! Sind jemals die Schilderungen der kolonialen Greueltaten (von Las Casas bis zu Adam Hochschilds »King

Leopold's Ghost«) als »gory sensationalism« zum Zwecke der Auflagensteigerung abgetan worden? Kuhn ist mit diesem – wie den folgenden zwei – Argument nicht allein.

*Die Zeiten waren nur einmal so,* und die Piraten seien nicht schlimmer als andere gewesen. (Man stelle sich dieses Argument zur Bagatellisierung der Verbrechen transatlantischer Sklavenhändler oder europäischer Kolonialisten vor.)

*Listige Greuelpropaganda* der Piraten seien diese Schilderungen: Je mehr sie Furcht und Schrecken verbreiteten, desto weniger Widerstand würde man ihnen leisten.

Eine besonders abstoßende Variante dieses Arguments ist die Behauptung, die piratischen Grausamkeiten und Brutalitäten seien rational, bewusst und planvoll: *instrumentell* eingesetzt worden, verdienten ergo keine Kritik.

Die drei Argumente finden sich auch bei Stephen Snelders vereint: Die Folterung von Gefangenen, um Informationen über versteckte Schätze zu erhalten, sei instrumentell angewendet worden. Um an ihre Beute zu gelangen, schreckten die meisten Piraten vor Grausamkeiten nicht zurück. Zweifellos seien dabei auch sadistische Impulse freigesetzt worden, aber wir müssten uns klarmachen, dass die Anwendung von Folter im 17. Jahrhundert keineswegs von der gängigen Praxis abwich. Folter und andere Formen physischer Gewalt seien damals durchaus üblich gewesen. Es spreche allerdings einiges dafür, dass Exquemelin die Grausamkeiten und Horrorschilderungen eigens dafür in seine Schilderung eingeflochten habe, um eine größere Leserschaft zu gewinnen. Seine Forschungen hätten ihn, Snelders, jedenfalls zu dem Schluss geführt, dass Gewalttätigkeit und Brutalität der Bukaniere »instrumentell waren«.[38]

B. R. Burg kann keinen wesentlichen Unterschied zwischen der Brutalität des englischen Rechtssystems und der der Piraten sehen, beide exemplifizierten »die Brutalität des Zeitalters«. In diesem

Kontext verbiete es sich, sie als »sozial oder sexuell pathologisch« zu bezeichnen. »Die Misshandlung von Gefangenen durch die Piraten ging sicher über die rechtlich verhängten Torturen hinaus, aber nicht allzu weit darüber hinaus, und wie die vom englischen Recht festgesetzten Strafen, sollten die Foltern der Piraten einem Zweck dienen, statt einfach nur der Unterhaltung.«[39] Er meint gar, die Berichte über die von Piraten angewendeten Foltermethoden seien übertrieben, von Sadismus könne man angesichts »des begrenzten, geordneten und zweckmäßigen Einsatzes von Schmerz, »nur um Informationen zu erhalten und Beute aufzufinden«, nicht reden.[40] Der Einsatz von Folter jedoch war ein fester Bestandteil der Piraterie, und dass sie nur unter, wie Burg einwendet, »sorgfältig begrenzten Umständen« verübt worden sei, mutet als befremdliche Beschönigung an. Was unter »sorgfältig begrenzten Umständen« zu verstehen ist, erfahren wir im folgenden: Die Piraten überzeugten den Kapitän und die Mannschaft eines indischen Schiffes »ihnen zu sagen, wo ihre Schätze versteckt waren, indem sie deren Finger mit Draht zusammenbanden und angezündete Lunten dazwischensteckten, bis die Finger bis auf den Knochen verbrannt waren. Diese Methode der Überredung war erfolgreich und viele Schätze wurden preisgegeben.«[41] Man beachte das Wort »Überredung« und den humorvollen Ton. Rediker sieht in der Folterung von Mannschaften gekaperter Schiffe gar eine pädagogische Maßnahme: »Warum weigerten sich die Mannschaften, ihr Schiff zu verteidigen? Sie wußten, dass die Piraten sie, falls sie Widerstand leisteten und dann überwältigt wurden, wahrscheinlich foltern würden, um ihnen – und anderen Seeleuten – eine Lektion zu erteilen.«[42] Schwarze Pädagogik unter schwarzer Flagge. Das galt auch für das Verbergen von Beute: »Roberts und seine Crew brachten den Ersten Maat eines gekaperten Schiffes zur Ankerwinde und peitschten ihn fast zu Tode, weil er zwei Goldringe in seiner Hosentasche versteckt hatte.« Aber, versichert uns Rediker,

»mit dieser Gewaltpraxis unterschieden sich die Piraten nicht von den Schiffen der Kriegsmarine oder den Privateers-Freibeutern, die sich derselben Mittel bedienten.«[43] Beruhigend.

Pringle liefert weitere drastische Beispiele für die von den Bukanieren angewandten Foltern – so zitiert er John Style, einen Engländer, der unter Morgan diente: »Es ist bei den Freibeutern üblich, neben den Verbrennungen mit Lunten und derartigen leichten Foltern, einen Mann in Stücke zu schneiden, erst etwas Fleisch, dann eine Hand, einen Arm, ein Bein, manchmal wird einem Mann ein Seil um den Kopf gebunden, das dann mit einem Stock so lange gedreht wird, bis seine Augen herausschießen, was >woolding< genannt wird.«

Pringle räumt ein, dass diese Foltern »barbarisch« seien, sie waren aber nicht »originell«, sondern den Spaniern abgeschaut, nur dass sie nun anderen Zwecken dienten: Er ist geradezu empört: »es scheint absurd, sie wegen des Vorwurfs der Brutalität herauszugreifen.« Hier also wieder das exkulpierende Argument, dass die Zeiten nun einmal so gewesen seien. Morgan habe seine Leute nie von Grausamkeiten abzuhalten versucht – »Folter, Mord und Vergewaltigung waren im 17. Jahrhundert normale Folgen von Kriegshandlungen in der Neuen Welt. ( ... ) Es gibt Moden der Barbarei und weder Morgan noch seine Bukaniere scheinen altmodisch gewesen zu sein. Sie können nur zusammen mit der Gesellschaft, in der sie lebten, verurteilt werden.« Das mag ja so sein, aber die Piraten lebten doch angeblich bewusst außerhalb ihrer Gesellschaft und werden uns als die neuen besseren Menschen vorgestellt, der Gleichheit und Gerechtigkeit lebend, brüderlich und solidarisch, als Vorschein der befreiten Menschheit (»unabgegolten«, so Helge Meves). Nur ein paar Seiten später lobt Pringle dann den Piratenkapitän Davis in den höchsten Tönen. »Er hatte auch nicht mehr Macht als jeder andere Piratenkapitän, und doch war die Disziplin gut. ( ... ) Er war besonnen und tapfer, und es gibt keinen Hinweis darauf, dass seine Männer Greueltaten verübten.«[44]

Eine weitere Ausnahme von der tristen Regel sei Captain England gewesen, der sich 1720 bei der Kaperung eines englischen Schiffes als »ein äußerst großherziger Sieger« gezeigt habe und die englischen Seeleute freiließ, statt sie, wie gewohnt, zu massakrieren. Er wurde von seiner Mannschaft in Captain Johnsons Worten »bald abgesetzt und seines Amtes enthoben und mit drei anderen auf der Insel Mauritius ausgesetzt«[45]. Die Vorteile einer demokratischen Verfassung an Bord.

# Bürger, Adlige, Könige
## als Geschäftspartner der Piraten

*»Ein Piratenschiff war eine Aktien-*
*gesellschaft auf hoher See.«*[1]

Noch vor dem Staat ist es der Händler, der Kaufmann, der den
Piratophilen als der Feind und Gegner der Piraten gilt, und aus
dieser Gegnerschaft kommt ihm die Legitimität seines verbreche-
rischen Handelns zu: Helden statt Händler, Expropriateure der
Expropriation. Denn nicht allein durch die Kriege und die Macht-
politik der europäischen Staaten ist die Piraterie gefördert worden. »Zu ihrer Geschichte gehört ebenso die enge Verbindung
zum Handel – nicht nur, weil dieser stets Objekt piratischer Akte
war, sondern auch deshalb, weil Handelsgesellschaften und einzelne Kaufleute immer wieder Piraten in ihre merkantilen Interessen einspannten. Das ist es, was Goethe im Zweiten Teil des
›Faust‹ meint: ›Krieg, Handel und Piraterie, / Dreieinig sind sie,
nicht zu trennen!‹«[2]

Der feste Gegensatz von Kaufleuten/Händlern (»Pfeffer-
säcken«) und Piraten, von Profitgier und heroischem Raub ist
eine kindlich-naive Vorstellung, die keineswegs der historischen
Realität entspricht. Vielmehr wurde Piraterie fast überall auf der
Welt auch von Kaufleuten und Händlern ausgeübt.[3] »Während
des gesamten 16. Jahrhunderts und bis weit ins 17. Jahrhundert
hinein sind Seehandel und Seeraub korrelierende Aktivitäten,
zwischen denen eine klar fixierte bzw. fixierbare Grenze faktisch
nicht existiert. (…) In den europäischen Metropolen – besonders
in London – finden sich Händler und Kaufleute, exponierte Seefahrer und Angehörige führender Adelskreise häufig in Form von
ad-hoc-Aktiengesellschaften zusammen, mit dem erklärten Ziel,
Kaperexpeditionen zu initiieren und zu finanzieren. Nicht selten

sind auch die jeweiligen Königshäuser mit Einlagen beteiligt. ( ... )
Doch wird die Branche eindeutig vom Handels- und Finanzbür-
gertum der großen Städte dominiert.«[4]

Schon im antiken Griechenland entstand das *privateering*,
die staatlich lizenzierte Kaperei: »Kaufleute, deren Waren ge-
stohlen worden waren, hatten das Recht, Vergeltungsmaßnahmen
zu ergreifen bis zu der Höhe des geschätzten Wertes der verloren-
gegangenen Fracht. Oft warteten sie nicht auf einen Freibrief oder
eine Vollmacht – wofür Gebühren zu entrichten waren –, und
viele Handelsschiffe verbanden gewohnheitsmäßig Handel mit
Plünderung als dem einzigen wirklich effektiven Versicherungs-
schutz.«[5]

In England wurden die ersten *letters of marque*, oder *reprisal*
(Kaperbriefe), bereits im 13. Jahrhundert ausgestellt, »aber während der vierhundert Jahre danach waren die Grenzen zwischen
gesetzmäßigem Handel, Vergeltungsmaßnahmen und offener Piraterie undeutlich, oft bis zu dem Punkt, dass sie unsichtbar waren. Dieselbe Person konnte ebenso gut abwechselnd ein Händler,
Fischer, Pirat oder Marineangestellter sein.«[6]

Stephan Selzer beschreibt die Ausrüstung von vier Lübecker
Kriegsschiffen 1472 durch den Lübecker Rat: »Nicht aus der städ-
tischen Kasse bezahlt wurden die zusätzlichen Kampftruppen, die
an Bord gingen. Sie wurden von Lübecker Bürgern ausgestattet
und bezahlt. Die Kämpfer erhielten außer ihrem Sold eine Prämie
für die Kaperung eines Schiffes sowie kostenlose Heilfürsorge
zugesagt. Der erhoffte Gewinn, den man Engländern und Franzosen auf See abnehmen wollte, sollte zwischen dem Lübecker
Rat und den bürgerlichen Investoren geteilt werden. Das mag ir-
ritieren, aber die Belege dafür sind zahlreich, dass im Sinne des
19. Jahrhunderts *unbescholtene* Bürger sich als Investoren auf dem
spätmittelalterlichen Gewaltmarkt zur See engagierten. An der
Ausrüstung der Söldner für die Lübecker Schiffe könnten etwa

220 Bürger beteiligt gewesen sein. Sie spekulierten auf Gewinn aus der Beute ( ... ). Ein solcher Großgewinn konnte sich tatsächlich einstellen.«[7]

*Commercial piracy* nennt Ritchie das Phänomen der Symbiose von Piraterie und Handel, damit waren Händler und Kaufleute gemeint, die in Piraterie investierten wie ihre Konkurrenten in der Regierung, jedoch mit ihren eigenen Geldmitteln. Ein Paradebeispiel bietet der Überfall der von der Niederländischen Westindien-Kompanie finanzierten und von Piet Heyn befehligten Piratenflotte 1628 auf die *Flota*, den spanischen Konvoi, der jährlich die Reichtümer Lateinamerikas nach Spanien transportierte. Nur einem Schiff des Konvois gelang es zu entkommen. »Die Beute bot einen Gewinn von sieben Millionen Gulden und die höchste Dividende, die die Investoren der Kompanie jemals erhielten.«[8]

Bereits Drake selber hatte festgestellt, dass immer mehr Piratenkapitäne Angestellte der Geldverleiher wurden: »Hawkins' Verbesserungen in Bewaffnung und Entwurf der Schiffe, die Fachkenntnisse Drakes und seiner Zeitgenossen wurden den Anforderungen der neuen Fernhandelsverbände, insbesondere der Ostindischen Kompanie, nutzbar gemacht.«[9]

Auch die gekrönten Häupter beteiligten sich an der zunehmenden Piraterie: Bereits an den Raubzügen im Zusammenhang mit Drakes Weltumsegelung (1577–1580) hätten sich königliche Schiffe beteiligt, die, mit Mitteln der Krone ausgestattet, den »Abenteurern« zur Verfügung gestellt worden seien. Auch Investoren aus adligen Kreisen und dem Handelsbürgertum seien beteiligt gewesen, schreibt Bohn und fügt an: »Man kann hier durchaus von einer Art frühneuzeitlicher Joint Venture sprechen oder der Schaffung von Risikokapital.«[10] Man könnte es auch organisierte Kriminalität nennen.

Piraten, Freibeuter und Bukaniere waren mithin »ein bedeutender wirtschaftlicher Faktor des 16. bis 18. Jahrhunderts, ( ... )

auch als Investitionsmöglichkeit für das aufstrebende Handelsbürgertum.«[11]

Kempe spricht angesichts des in der westlichen Welt neu
entstehenden »Piratentypus« von einem »autonomen Unternehmerpiraten«. »Von Bukanieren geraubtes spanisches Silber
wurde zur Errichtung von Zuckerrohrplantagen auf Jamaika re-
investiert. (...) Piraterie als Anschubfinanzierung für eine der
ertragreichsten Wirtschaftsformen des westindischen Kolonialismus«[12] – diese Plantagenwirtschaft beruhte bekanntlich auf
Sklaverei. Piraten waren so Teil des von Max Weber beschriebe-
nen »Beutekapitalismus«.

*Commercial piracy* wurde vor allem in den amerikanischen Kolonien und den Vereinigten Staaten zu einer zentralen Wirtschafts-
aktivität. Es wird also an Beutegier appelliert, um Unterstützung
für die kriegerischen Unternehmungen einer Nation zu erhalten:
»Regierungsbeamte in London und den Kolonien riefen zu Ka-
perunternehmen auf und hoch angesehene Kaufleute sprachen
darauf an und investierten massiv in private Kriegsschiffe.«[13]

Am Beispiel des berühmt-berüchtigten Piratenkapitäns William Kid lässt sich das enge Zusammenwirken von Regierungs-
vertretern, Großkaufleuten und Seeräubern in Nordamerika und
England sehr anschaulich beschreiben.[14]

»Während eines Großteils ihres goldenen Zeitalters operier-
ten die Piraten mit Hilfe der aktiven Unterstützung und Zu-
sammenarbeit der Gouverneure, Kaufleute und Einwohner der
nordamerikanischen Kolonien. In England wurden die Piraten
unbarmherzig verfolgt. Aber in den amerikanischen Häfen bot
man ihnen Schutz und Gastfreundschaft, zudem Schiffe, Proviant,
Besatzungen, gefälschte Kaperbriefe und einen Ort, an dem sie
ihre Beute verkaufen konnten, denn die amerikanischen Kolonien
zogen ebenso Gewinn aus der Piraterie wie die Piraten selbst.«[15]

In den amerikanischen Kolonien Englands herrschte chronischer Kapitalmangel, und so suchten die Kaufleute nach Mitteln, um an Geld zu kommen, und die Piraten boten eines davon. Folglich haben Kolonialhändler zuweilen Piraten finanziert, generell aber boten sie Bukanieren eher einen sicheren Hafen und trieben Handel mit ihnen. Vor allem New York galt als berüchtigter Zufluchtsort und war Versorgungszentrum für die Piraterie im Indischen Ozean.[16]

Um 1700, heißt es bei Pringle, habe sich die Piraterie für Spekulanten in Neuengland als weniger risikobehaftet und gewinnbringender erwiesen als der ehrliche Handel. Bohn bestätigt diese Einschätzung.[17] Damit wurde die Kaperei in vielen Häfen Neuenglands zum Hauptgeschäft. Jeder investierte in diese Industrie – einschließlich George Washingtons. Im Britisch-Amerikanischen Krieg von 1812–1815 »rüstete allein New York 120 Kreuzer aus, die 275 Prisen aufbrachten und viele mehr zerstörten. (...) Die Gewinne waren so konstant und ansehnlich, dass der New Yorker Stadtrat eine Verordnung zur Ermutigung von Kapervereinigungen erließ.«[18]

Aber auch Europa hatte seine Piraten- und Korsarenstädte: »In Malta und Segna (Senji an der Adria) hatte ein jeder seinen Anteil am *corso* (der Kaperfahrt). Das galt mehr oder weniger auch für Saint-Malo, Dünkirchen, Nantes und La Rochelle, die wohlhabendsten Zentren von *la course*. Die *armateurs* (privaten Organisatoren von Kaperfahrten) von Saint-Malo gehörten zu den reichsten Menschen mit den prächtigsten Häusern in Frankreich. Ihre Bischöfe, die massiv in das Geschäft investierten, versicherten ihnen, dass ihre Gewinne vollkommen legitim seien.«[19]

So stand zum Beispiel hinter der Brandschatzung Cartagenas durch französische Bukaniere (1697) »ein von der Krone gedecktes Konsortium französischer Kaufleute und Beamter«.[20]

Solche Sympathie der Könige und Händler für die Piraten blieb nicht unerwidert. Die gegen Ende des 17. Jahrhunderts im Indischen Ozean gebliebenen Piraten ließen sich größtenteils auf Madagaskar nieder und lebten als Plantagenbesitzer oder Händler ausgesprochen luxuriös. Manche von ihnen ernannten sich gar zum König. Dass sie ihren königlichen Rang sehr ernst nahmen, zeigt ein bei Pringle zu findendes Dokument jener Zeit.[21] Als Projektionsfläche republikanisch-demokratischer Utopien scheint das Madagaskar der Piraten doch eher ungeeignet zu sein.

Piraten, Händler und Kaufleute standen einander mithin näher (ja waren oft gar nicht zu unterscheiden), als es den akademischen Verfechtern der Piraterie lieb sein dürfte. Das betrifft auch die Profit- und Habgier beider Seiten (den Adel und die gekrönten Häupter nicht zu vergessen).

Dionysiker Frank Bardelle kann, wie gesagt, mit der Vorstellung, »freibeuterische Aktionen seien in ihrem Wesen überwiegend rein auf Profit orientiert und mithin einem bürgerlich-ökonomischen Sinne vernünftig, nützlich und zweckmäßig«, rein gar nichts anfangen, sie seien vielmehr als »orgiastisch« zu verstehen, »als Indiz und Ausdruck einer Existenzweise ( ... ), die nicht auf Ausbeutung und Aneignung von Natur / Umwelt / Ressourcen gegründet ist«. Ja, so steht es tatsächlich geschrieben. »Gold, Silber, Edelsteine und Schmuck interessieren die Bukaniere bei ihren Beutezügen zu Wasser nur am Rande«, behauptet er gegen alle historische Evidenz. »Geraubt werden bevorzugt Dinge von unmittelbarem Gebrauchswert. ( ... ) Die Intention dieser Form der Piraterei liegt auf keinen Fall in der Akkumulation materieller Reichtümer.«[22] Als Morgan 1669 in Port Royal zusammen mit anderen Kapitänen und Bukanieren einen Angriff auf Maracaibo vorbereitete, explodierte sein Flaggschiff (vermutlich aufgrund der Nachlässigkeit eines betrunkenen Kanoniers), was zum Tod von über 200 Männern führte, darunter 25 Kapitäne. Bei Exquemelin liest sich die Geschichte folgendermaßen:

»Auf dem Hauptschiff wurde nun Kriegsrat gehalten und hierauf ein großes Fest gefeiert. Bei dem Salutschießen fielen einige Funken in die Pulverkammer, so daß das Schiff in die Luft flog. (...) Man fischte dann tagelang nach den umhertreibenden Leichen, aber nicht, um sie zu bestatten, sondern um sie ihrer Kleider und goldenen Ringe zu entledigen. Dann überließ man die Leichen den Haien.«[23] Robert C. Ritchie erzählt eine Geschichte von Piraten auf Madagaskar Ende des 17. Jahrhunderts, die auf dem Rückweg nach Amerika waren: »Einige der Männer weigerten sich, mit leeren Händen nach Hause zu kommen, und wenn man einer Geschichte Glauben schenken kann, gingen sie bis zum Äußersten, um ihre Reise gewinnbringend zu gestalten. Vierzehn Männer auf Madagaskar, die zu verschiedenen Mannschaften gehörten, waren alle der Auffassung, dass sie zu wenig Beute hätten, und trafen ein Abkommen, um all das zu kämpfen, was sie gemeinsam besaßen. Sie häuften alles an einem Orte auf und teilten sich dann in zwei Gruppen ein, die darum kämpfen sollten. Während ihre Mannschaftskameraden dabeistanden und zuschauten, kämpften die beiden Seiten, bis alle Mitglieder einer Gruppe tot am Boden lagen und nur zwei Männer von der ›Gewinner‹seite am Leben geblieben waren, um die Beute einzusammeln.«[24]

Ken Kinkor räumt – ganz im Geiste Redikers – Missverständnisse aus: »Eher als zufällige Bündnisse einzelner Verbrecher kann man die Piraten des frühen 18. Jahrhunderts heute als eine von der Gesellschaft abweichende Subkultur betrachten, die eine maritime Revolte eröffnete (...) Dieser sporadische Aufstand war eher charakterisiert durch das zentrifugal bindende Ethos einer primitiven, aber erklärbaren Proto-Ideologie als durch zentripetale Motive einer individuellen Gier.«[25] Jennifer Marx kommt dagegen zu dem Schluss, dass es sowohl die Beutegier als auch der Hass auf Spanien gewesen seien, die die Piraten in der Karibik einten.[26] Über die Motive der Piraten und Kaperfahrer des mittelalterlichen Hanseraums heißt es bei Stephan Selzer:

»Das finanzielle Motiv der *Gewaltdienstleister* zur See ist damit deutlich hörbar angeklungen ( ... ) Denn nicht aus perverser Gewaltlust oder sozialer Ideologie, auch nicht für König, Volk oder Nation übten sie das Gewalthandwerk aus, sondern um des ökonomischen Gewinns willen.«[27]

Wer Gewinnstreben als zentrales Motiv der Piraten vernachlässigt oder gar leugnet, verfehlt auch ein entscheidendes Moment für deren Organisation und Sozialstruktur und kann sich ungestört und ungeniert Träumereien über ihre sozialistische und demokratische Organisationsform hingeben.

Anhand seiner Untersuchung der piratischen *Articles* kommt Fox zu dem Schluss, dass das Ziel der Piraten kein gesellschaftliches oder politisches gewesen sei, sondern die Beute.[28]

Der Soziologe Treinen ist der Ansicht, »daß der Modus der Beuteverteilung für die Piraten einen zentralen Stellenwert besaß«. »Die Anbindung an eine spezielle ›Organisation‹, der Piraterie nämlich, beruhte ausschließlich auf der Gewinnerwartung jedes einzelnen Mitgliedes. Nur hierdurch war Mitarbeit sowie Einordnung unter die gegebene Herrschaftsstruktur möglich.«[29]

In demselben Sammelband resümiert Volker Grieb in seinem Aufsatz »Staatlichkeit und Internationalität als Charakteristika der Piraten«, dass sich das Gewinnstreben »als *roter Faden* durch die epochenübergreifende Piraterie« ziehe, von den Piraten Homers über die mittelalterlichen und karibischen bis zu den heutigen.[30]

Der Leser mag sich wundern, dass solche Binsenwahrheiten hier *in extenso* belegt werden, aber da Piraterie ohne sie gar nicht zu verstehen ist und sie andrerseits von den Vertretern der verschiedenen piratophilen Strömungen geleugnet werden, erschien es mir nützlich, dies zu tun.

# Von der Piraterie verursachte
# ökonomische Schäden

Es gibt keine umfassenden Darstellungen über die von den Piraten angerichteten ökonomischen Schäden; dass sie oft enorm waren, lässt sich trotzdem mit einiger Sicherheit vermuten und anhand von Einzelfällen demonstrieren. Dabei geht es nicht nur um die unmittelbaren Schäden, die den Beraubten (oder Geraubten und Versklavten) entstanden, sondern auch um die indirekten wie das Brachliegen fruchtbarer Landstriche, die Behinderung des Handels bis zu dessen Einstellung.[1] Die Preise stiegen aufgrund höherer Versicherungsbeiträge und Transaktionskosten durch die notwendig gewordenen Aufwendungen für den bewaffneten Schutz und für bewachte Befestigungen. Zudem mussten Mittel bereitgestellt werden für den Freikauf von versklavten Opfern der Piraten, für Schutzgelder, Tribute etc.

In seinem Artikel »Piracy and World History. An Economic Perspective on Maritime Predation«[2] erörtert John L. Anderson diese Probleme. Er begreift Piraterie, dem Historiker William H. McNeill folgend, als »Makroparasitismus«: »Menschengruppen, die ihren Lebensunterhalt aus der Mühsal und dem Unternehmungsgeist anderer ohne irgendeine Gegenleistung beziehen.« (Solche Gruppen haben ja in der Regel eine schlechte Presse, aber im Fall der Piraterie scheint das weniger der Fall zu sein.)

Anderson weist auf die negativen Auswirkungen dieser Art des Makroparasitismus sowohl auf den Handel als auch die Produktivität hin.[3] Bei der Piraterie handele es sich im wesentlichen um eine Form »gewaltsamen maritimen Raubes«, und »ungeachtet des genauen Rechtsstatus der räuberischen Tätigkeit, erlegte diese der Wirtschaft Kosten in Form eines Rückgangs des Handels auf und folglich einer Reduktion von Spezialisierung, Tausch und Produktivität, während Furcht und Ungewissheit die Kapitalbildung eingeschränkt haben dürften. In manchen Fällen führte die Furcht sogar zur Preisgabe von Land und zur Entvölkerung von Küsten- und Inselregionen.«[4]

Piraterie zu Wasser und zu Lande ist ein Hemmschuh für wirtschaftliche Entwicklung und Wohlstand. Anderson beruft sich auf das bedeutende Werk von E. L. Jones »The European Miracle« (1987), dem zufolge die Reduzierung der räuberischen Gewalt in den europäischen Gesellschaften, auch der von seiten der Herrschenden, ein wesentlicher Faktor für die wirtschaftliche (und, so darf man hinzufügen, die gesellschaftliche wie politische) Entwicklung Europas war. Die ökonomische Entwicklung in Europa lasse sich weitgehend erklären durch die auf der Grundlage unpersönlichen Rechts (*impersonal law*) erfolgende Reduktion der Beraubung der Geschäftswelt durch diejenigen, die der Regierungsgewalt nicht unterstanden – und durch diejenigen, die die Regierungsgewalt ausübten.[5]

Steven Pinker hat diese Reduktion in seiner Abhandlung »Gewalt. Eine neue Geschichte der Menschheit« (2011) anhand sorgfältiger Untersuchungen und Statistiken bestätigen können.[6]

Anderson erklärt detailliert, wie Piraterie wirtschaftlich schädigt – es lohnt, seine Argumente genauer zu betrachten angesichts der apologetischen und naiven Schilderungen der wirtschaftlichen Folgen piratischer Verbrechen. Er führt zunächst *direkte* Verluste durch gewaltsamen Seeraub an: »Die Vernichtung von Kapital in der Form von Schiffen und Frachtgut und von Arbeit durch den Tod von Mannschaftsmitgliedern.«

Dazu kommen die *indirekten* Verluste, die nicht sogleich ins Auge springen und in der einschlägigen Literatur selten Erwähung finden. Es handelt sich um Verluste, die aus dem Kampf zwischen Täter und Opfer um den Transfer der betreffenden Wirtschaftsgüter erwachsen. Kapital und Arbeitskraft der Piraten hätten wirtschaftlich nützlichen Zwecken dienen können.

Und ihre Opfer hätten gewiss produktivere Verwendung für die zum Schutz aufgewendeten Vermögenswerte gefunden.

Die unmittelbare Folge des Seeraubs »war gewöhnlich eine Reduktion des Warenangebots, wie es auf den normalen Handelswegen verfügbar war. Sowohl die Produzenten wie die Konsumenten solcher Waren erlitten wahrscheinlich Verluste. (…) Selbst wenn die Piraten das gestohlene Gut auf dem Markt anboten« – ein Argument, das häufig für die angebliche ökonomische Harmlosigkeit und Folgenlosigkeit der Piraterie geltend gemacht wird – »hätte der Produzent einen Verlust erlitten, was zu einer dadurch ausgelösten Verminderung der Produktion und des Handels führen musste.«

Das nämlich ist langfristig betrachtet die Folge der piratischen Raubzüge: »die Verminderung der Anreize für die gegebenen Produzenten und Händler, mit ihren Aktivitäten fortzufahren oder sie zu erweitern«. Ein Herunterfahren der Handelsaktivitäten »schränkt auch die Spezialisierung der Produktion ein, von der, direkt oder indirekt, Produktivitätsgewinne in der präindustriellen Welt überwiegend abhängig sind«.[7]

Die rege Handelstätigkeit, so wird zuweilen angeführt (zumal im Fall des frühneuzeitlichen Mittelmeerhandels), beweise doch die Harmlosigkeit der Piraterie. Anderson geht es auch darum, dieses Argument zu entkräften. »Im Fall von parasitischer Piraterie wird Piraterie eben dann, wenn der Handel floriert, zum Problem: Parasiten gedeihen, wenn Wirtskörper reichlich vorhanden sind, und ein effizienter Parasit schwächt allenfalls den Wirt, der ihn versorgt, statt ihn zu zerstören.«[8]

Anderson geht auch auf die Kosten im individuellen und nationalen ökonomischen Wettbewerb ein, die bei der Ergreifung von Schutzmaßnahmen entstehen. Nur große wohlhabende Länder

konnten die zur Eindämmung und Bekämpfung der Piraterie notwendigen Summen aufbringen, und die Zunahme ihres Handels
wiederum führte dann zu »economies of scale in defense«: »Ska-
leneffekten bei der Verteidigung«.

Helge Meves hingegen sieht das anders: »Auch die Begründung dafür, dass die Piraten den wachsenden Welthandel gestört
hätten, gehört mittlerweile ins Reich der Kolonialideologie und ist
ansonsten volkswirtschaftlich zweifelhaft. Die mit ihrem Raubgut
handelnden Seeräuber unterliefen die Monopole, Kartelle und
Schutzzollregelungen der absolutistischen wie merkantilistischen
Herrschaftssysteme und leisteten insofern einen Beitrag zu wett-
bewerbsgerechten Preisen.« Dabei fällt der diesem »Handels-
gut« vorangegangene Raub mitsamt seinen ökonomischen Folgen gänzlich unter den Tisch.[9]

An dieser Stelle sollen einige Beispiele aus der Geschichte für
die von Piraten, Freibeutern, Korsaren und *tutti quanti* verursachten Schäden folgen: Bis in die Frühe Neuzeit ist Piraterie immer
wieder die Ursache dafür, dass fruchtbare Landstriche verlassen
werden und brachliegen (oder erst gar nicht bestellt werden), was
angesichts der zentralen Bedeutung der Landwirtschaft für die
vorindustrielle Welt von erheblichem Nachteil war.

Der große Naturforscher Alfred Russell Wallace berichtet
Mitte des 19. Jahrhunderts aus dem Malayischen Archipel: »Uns
gegenüber und entlang der Küste der Bacan Inseln erstreckt sich
eine Reihe ansehnlicher Inseln, die völlig unbewohnt sind. Jedes-
mal wenn ich nach dem Grund fragte, warum sich dort niemand
niederlässt, lautete die Antwort immer, ›aus Angst vor den Ma-
guindanao Piraten.‹ Die Geißeln des Archipels ziehen jedes Jahr
in die eine oder andere Richtung ( … ) und bringen Verwüstung
zu all den umliegenden Siedlungen.«[10]

Für die homerische Zeit Griechenlands heißt es bei Ormerod:
Als Ergebnis der »allgemeinen Unsicherheit und der ständigen

Plünderung der Küsten« durch die Piraten »wurden weite Landstriche nicht länger bestellt«.

In der ersten Hälfte des ersten Jahrhunderts v. Chr. haben die
Piraten laut Appian das gesamte Mittelmeer beherrscht. »Das
ganze Meer war schon nicht mehr zu befahren, und das Land
blieb infolge des fehlenden Handelsverkehrs unbestellt.«[11] Auch
Ormerod beschreibt die Situation ganz ähnlich.

Die letzten hundert Jahre der römischen Republik erlebten den
bemerkenswertesten Ausbruch von Piraterie, der jemals im Mittelmeerraum stattfand. Kilikische Marodeure verbündeten sich
mit Mithridates, König von Pontus, und blockierten und verheerten das römische Festland.[12]

Über die Bedeutung der Piraten – bzw. deren Abwesenheit –
für den Aufstieg Roms zur herrschenden Macht des Mittelmeerraums merkt Abulafia an, dass dieser abhängig gewesen sei von
der ausreichenden Versorgung mit Lebensmitteln, davon, dass
Schiffe in Häfen anlanden konnten, um diese Produkte an Land
zu bringen, und vom Schutz der Händler und Kaufleute vor piratischen Überfällen.[13]

Im neunten Jahrhundert »(fügten) die arabischen Überfälle
auf Sizilien und Kalabrien den in exponierter Lage an den Küsten
liegenden Städten und Dörfern schwere Schäden zu«. Im zehnten Jahrhundert dann »beeinträchtigte arabische Piraterie ganz
erheblich den christlichen Handel aus der Provence«, im 13. und
14. Jahrhundert wurde es nötig, dass Handelsschiffe, »insbesondere die von Venedig in die Levante oder nach Flandern segeln-
den, sich im Geleitzug bewegten und bewaffneten Schutz hatten
(...). Aber auch dann konnte die überhandnehmende Piraterie
der Muslime oder christlicher Korsaren den Handelsverkehr für
längere Zeit unterbrechen.« Der wichtige Handel mit Flandern
musste einmal für 20 Jahre ausgesetzt werden. Im 15. Jahrhundert wird die kostspielige Versicherung von Schiff und Ladung

unverzichtbar, im 16. Jahrhundert ziehen gar viele Kaufleute den teuren und langsamen Landtransport dem zur See vor. Abulafia spricht davon, dass das Mittelmeer seinen zentralen Stellenwert als Transportweg zu verlieren begann.[14] Auch in nördlicheren Gefilden, etwa in Ost- und Nordsee, zeichnete sich eine ähnliche Entwicklung ab, als Ende des 14. Jahrhunderts die Vitalienbrüder ihr Unwesen dort trieben.[15]

Piraterie ist wesentlich mitverantwortlich für den langsamen Verfall Venedigs ab dem Ende des 16. Jahrhunderts (und der Wendung zur *Terra ferma*, zum Agrarstaat), ein Beispiel für jene kleineren Staaten, die die notwendigen *protection costs* nicht aufbringen konnten.[16] Gegen Ende des 16. Jahrhunderts bedrohten die Uskoken der nördlichen Adria, die algerischen und tunesischen Korsaren und türkische, holländische, englische und andere Seeräuber die Schiffe Venedigs: »Die Folgen dieser Situation für den venezianischen Handel lassen sich einer der wenigen vorhandenen Schätzungen von den Verlusten an Schiffen und Gewinn infolge piratischer Aktivitäten entnehmen. Zwischen 250 und 300 venezianische Schiffe (die Gesamtzahl der Schiffe betrug generell das Zehnfache davon) sollen zwischen 1592 und 1604 aufgebracht worden sein – nicht viel weniger als die 350, die Schiffbruch erlitten. Um die Jahrhundertwende stiegen die Versicherungsraten ( … ) Schätzungen zufolge wurden von einem erwarteten Ertrag von 10 000 Dukaten auf einer Fahrt im Jahre 1607 8500 für Ausgaben für Hafengebühren, Soldaten, Seeleute / Matrosen und Versicherung aufgewendet. Gegen Ende des 16. Jahrhunderts begannen venezianisches Kapital und venezianischer Unternehmungsgeist sich vom Meer abzuwenden.«[17]

Über die nordafrikanischen Piraten im 16. Jahrhundert schreibt Roland Courtinat in »La piraterie barbaresque en Méditerranée. XVIe-XIXe siècle«. Nice 2003: »Die Piraten nahmen zunächst alles, was sie fortschleppen konnten: Männer, Frauen, Wertgegen-

stände. (...) Fast ein Jahrhundert lang entvölkerten die Raubzüge und die Massen-Auswanderung dauerhaft die Küstengebiete.
Viele Landstriche verloren einen Teil ihrer Arbeitskräfte, deren
sich die Sklavenhändler bemächtigt hatten.«[18]

Im östlichen Mittelmeer bietet die einst reiche und mächtige Insel Samos – in der Antike Reich des Piratenkönigs Polykrates – ein Beispiel für die Verheerungen durch die Piraterie:
Im 15./16. Jahrhundert ist die Insel fast völlig entvölkert (bis auf
einige in den Bergen verschanzte Familien).

Bei Bono und Bonaffini ist nachzulesen über die negativen
wirtschaftlichen Folgen der Piraterie im nachantiken Mittelmeer,
über die allgemeine Unsicherheit der Meere und Küsten, die Ge-
fahren für den Handel. Was der Dominikaner Alberto Gugliel-
motti (Chronist der päpstlichen Flotte) noch im 19. Jahrhundert
schreiben konnte, gilt ebenso für die vier Jahrhunderte davor:
»Jeder Reisende konnte von seinem Schiff aus mit eigenen Augen sehen, in welch beklagenswertem Zustand sich die Küsten
Spaniens, Frankreichs und Italiens ob der unablässigen Übergriffe
dieses räuberischen Gesindels befanden: die Strände verlassen,
unbewohnt die Inseln, in Asche die Hütten. Während Fischer sich
mit ihren Booten nicht aufs Meer wagten, kreuzten die Fusten der
Barbaresken unbehelligt vor den Küsten.«[19] Noch 1814 schreibt
der englische Admiral Sidney Smith in einem an die europäischen
Regierungen gerichteten Memorandum zu den »pirateries des
États Barbaresques«, dass diese schändliche Räuberei nicht allein
gegen die Menschlichkeit verstoße, sondern auch dem Handel
erheblichen Schaden zufüge.[20]

Die Tribut- und Lösegeldzahlungen allein der Vereinigten
Staaten an die Barbaresken-Piraten betrugen an ihrem Höhepunkt
gegen 1800 etwa eine Million Dollar jährlich, das machte 20 Prozent des gesamten Bundesstaatshaushalts aus.[21] Mitte des 17. Jahrhunderts hatte das englische Parlament sogar eine »Levy on

Trade« (»Abgabe auf den Handel«) erheben müssen, um Gefangene der Barbareskenstaaten freikaufen zu können.[22] Als Francis Drake 1579 die *Nuestra Senora de la Concepción* kaperte, betrug der Gesamtwert der Beute »etwa 200 000 Pfund, mehr als das halbe Einkommen der englischen Krone«.[23]

Zur Karibik heißt es bei Bohn über die 16 Jahre zwischen 1655 und 1671, dass die Bukaniere in diesen Jahren, »bei vorsichtiger Schätzung, mindestens zwei Dutzend Städte geplündert, dazu unzählige Dörfer und Plantagen zerstört« hätten. »Die Entwicklung der Großen Antillen als produktive koloniale Niederlassungen stand in diesen sechzehn Jahren vollkommen still, und auch in den Jahrzehnten danach wurde ihr Wirtschaftsleben, ebenso wie das anderer Regionen Amerikas, vom Piratenunwesen massiv beeinflußt.«[24] So führten etwa die Angriffe der »französischen« Bukaniere gegen die holländischen Kolonien und Flotten in der Karibik schließlich (1674) zum Bankrott der Niederländischen Westindien-Kompanie.[25]

In der zweiten Hälfte des 17. Jahrhunderts wendeten sich die Bukaniere, wie oben erwähnt, fast ausschließlich dem Lande zu, mit »umfangreichen militärischen Operationen in großem Maßstab«. Zuweilen wurden Städte mehrere Male hintereinander überfallen und ausgeplündert, bis absolut nichts mehr an Beute zu machen war.[26]

Die Piraten zwischen 1716 und 1726 »richteten verheerende Schäden im atlantischen System an, indem sie Hunderte von Handelsschiffen kaperten, von denen sie viele verbrannten oder versenkten, und sie alle ihrer wertvollen Fracht beraubten. Sie behinderten den Handel in strategischen Zonen der Kapitalakkumulation – den Westindischen Inseln, Nordamerika und Westafrika«, konstatiert selbst Rediker. Sie lösten fast eine Handelskrise aus, »was die höchst bezeichnende Tatsache zu erklären hilft, dass die englische Schifffahrt zwischen 1715 und 1728 ein Nullwachstum erlebte, eine länger anhaltende Periode der Stagnation zwischen zwei Phasen extensiven Wachstums«. Rediker zitiert zwei wirtschaftshistorische Autoritäten, die »die Vernichtung der Piraterie als einen der Hauptgründe für das Produktivitätswachstum in der Schifffahrt des 18. Jahrhunderts betonen«.[27] Linda Colley weist darauf hin, dass allein die Freibeuter, deren Stützpunkt der Hafen von Saint-Malo war, zwischen 1688 und 1713 zweitausend britische Schiffe erbeuteten.[28]

Zu Beginn des 18. Jahrhunderts waren die Piraten in der Lage, ganzen Kolonien gefährlich zu werden. Im Zuge ihrer großangelegten Beutezüge gelang es manchen von ihnen, immense Vermögen zu akkumulieren, die sie dann dazu einsetzten, um sich Kaufleute, Händler, Plantagenbesitzer und selbst Gouverneure der Kolonien gewogen zu machen.[29] Die Armen hatten von dieser Art der Robinhoodiade wohl weniger zu erwarten.

Mit den Piratenüberfällen auf die internationale Schiffahrt vor der Küste Somalias vor allem im Zeitraum zwischen 2000 bis 2007 fand die lange totgeglaubte Piraterie weltweit erneut ein gewisses Revival (in Asien, vor allem Südostasien, war sie nie zum Erliegen gekommen). Auf deren Höhepunkt soll ein jährlicher Schaden von sieben bis zwölf Milliarden Dollar entstanden sein. Das für all diese Fragen zuständige International Maritime Bureau (IMB) schätzte den durch Piraterie entstandenen weltweiten Schaden 2007 auf mehr als 13 Milliarden Euro. »Wir nehmen an, die Dunkelziffer beträgt rund 50 Prozent.«[30] Heute wird er auf circa 18 Milliarden geschätzt. Da aber das gesamte Handelsvolumen auf dem Seeweg etwa sieben Billionen Dollar ausmacht und der Schiffahrtsbranche 337 Milliarden Dollar einbringt, sei das Risiko sehr gering, meint das Deutsche Institut für Wirtschaftsforschung.[31] Die ökonomischen Folgen der Piraterie »betreffen aber nicht nur die Reeder, sondern ganze Volkswirtschaften«. Laut IMB ist Deutschland »das am meisten von den Piraten am

Horn von Afrika betroffene Land. Jede Störung der Weltwirtschaft ( ... ) kann sich direkt auf die Preise für die Endverbraucher auswirken«. schreibt Eigel Wiese 2010.[32] Bei einer Umfrage gab jeder fünfte von 101 Reedern an, Verluste durch Seeräuber erlitten zu haben. Die Versicherungskosten seien enorm gestiegen; man geht von bis zu 30 Prozent aus. Die Bedrohung der Schiffahrt vor der Küste Somalias führte dazu, dass eine beträchtliche Zahl von Schiffen den Weg um das Kap der Guten Hoffnung dem durch den Suez-Kanal und den nördlichen Indischen Ozean vorzogen. »Daraus erwächst eine neue Gefahr: Die Wohlfahrt und damit die Stabilität Ägyptens sind in hohem Maße abhängig von den Einnahmen aus den Gebühren der Suez-Kanal-Passagen. Die Kanalgesellschaft sah sich schon gezwungen, die Gebühren zu senken, um der Attraktivität der Alternative ›Kap der Guten Hoffnung‹ entgegenzuwirken.«[33]

Die neuere positive Einstellung mancher Ökonomen gegenüber der Piraterie ist vor diesem Hintergrund überraschend. Wenn Piraterie dem Handel schadet, und das tut sie, und wenn Handel von wesentlicher Bedeutung für die wirtschaftliche Entwicklung und den Wohlstand der Nationen ist, dann ist eine Störung oder gar Lähmung des Handels schlecht für die Wirtschaft, schlecht für die wirtschaftliche Entwicklung und vermindert den Wohlstand. Aber Michael Kempe gerät schier aus dem Häuschen vor Begeisterung über seine »autonomen Unternehmerpiraten«, die begonnen hätten, »sich vollends von nationalen Bindungen zu entkoppeln« (das dient, wie bei Rediker, schon als Beweis dafür, dass sie nicht ganz schlecht sein können). Im »Golden Age«, schreibt er, sei es »zu einer meer- und kontinentübergreifenden Vernetzung maritimer Räubereien« gekommen; »zu einem nahezu weltumspannenden Phänomen« habe sich die Piraterie damals ausgedehnt. »Vernetzung«, »weltumspannend« – wer wollte da Einwände geltend machen (obwohl das natürlich auch für den heutigen Drogen-, Waffen- und Frauen-/ Mädchenhandel gilt oder für den Terrorismus). Neuere ökonomiehistorische Arbeiten, berichtet Kempe, verstünden Piraterie »nicht mehr als primär parasitäres Phänomen wirtschaftlicher Beziehungen, sondern als Teil dieser selbst. Schon Werner Sombart rechnete die >gewaltsame Wegnahme von Gütern< zu den bis ins 18. Jahrhundert in allen Kulturländern >üblichen Formen der Vermögensbildung<.«

Allerdings gehörte auch die Sklaverei bis ins 19. Jahrhundert zu den in allen Kulturländern üblichen Formen der Vermögensbildung, ohne dass uns dies mit ihr versöhnen könnte.

Teilnehmer der »Piratenrunde« hätten im Rahmen ihrer Aktivitäten dazu beigetragen, »die Wirtschaftsräume von Westindien und Ostindien stärker miteinander zu vernetzen. Insbesondere galt dies für den Sklavenhandel. Durch die >wilde< Versklavung von Ostafrikanern im Indischen Ozean halfen die Piraten indirekt mit, neue Märkte des internationalen Sklavenhandels zu öffnen bzw. weiter zu erschließen.« Geradezu »kosmopolitisch« könne man diese Art der Piraterie nennen.[34] Da will man nicht abseits stehen. Um mit Kempe zu reden: Das ist vielleicht doch etwas zu harmonisierend.

David J. Starkey zufolge dient die Piraterie der Überwindung von »Marktineffizienz« (»market inefficiency«). Er schreibt der Piraterie Dienstleistungscharakter zu, »ein Geschäft, bei dem es um den Transport und Vertrieb statt um die Produktion von Waren geht«.[35] Da ist man fast erleichtert ...

Gelten die Kaperung eines Schiffes oder die Plünderung einer Stadt somit als Dienstleistung? Während ein Akt der Prostitution, ob legal oder nicht, rein ökonomisch als eine Dienstleistung verstanden werden kann, trifft das auf eine Vergewaltigung ganz sicher nicht zu. Was in allen drei Fällen fehlt, ist der Tausch- und Vertragspartner und dessen Einwilligung.

Die von neueren wirtschaftsgeschichtlichen Arbeiten der Piraterie zugeschriebenen positiven Funktionen: Handelsmonopole
und -barrieren aufzubrechen, machen nicht das Wesen der Piraterie aus, was sich daran zeigt, dass diese Wirkung auch der Schmug-
gel, gänzlich ohne Piraterie, erzeugt. Es ist die Hehlerei mit dem
geraubten Gut – die »Anschlussstraftat« –, die diese Funktion
erfüllt, nicht die Piraterie selbst (auch wenn diese der Hehlerei
meist bedarf).

## Piraten in den intereuropäischen Kriegen und als Speerspitze während der Kolonialisierung und imperialistischen Eroberung

Für die drei Hauptvertreter piratophiler Ideologien – Marxisten und Arbeiterbewegte, Anarchisten und Dionysiker in der Nachfolge Nietzsches – ist der Staat, sei es als Nationalstaat oder nationenübergreifendes Imperium, der Hauptfeind (neben dem Kapital): Unterdrückungsinstrument der herrschenden Klasse, das kälteste aller kalten Ungeheuer, die organisierte Unmoralität. Die Piraten werden dargestellt als vom Staat verfolgt und den Staat bekämpfend; als Gegner von Kolonialismus und Imperialismus. Das ist nicht einmal in Ansätzen wahr.

Am entschiedensten hat vielleicht Thomas W. Gallant in »Brigandage, Piracy, Capitalism, and State-Formation: Transnational Crime from a Historical World-Systems Perspective« dieses Vorurteil attackiert. Die von der Folklore und den populären Medien als »die Antithese zur modernen Welt mit ihren entwickelten kapitalistischen Wirtschaften und mächtigen bürokratischen Nationalstaaten« tradierten Banditen und Piraten seien vielmehr »integraler Bestandteil dieser Welt gewesen, und zwar seit dem 16. Jahrhundert«. In den vergangenen 300 Jahren »spielten illegale Netzwerke bewaffneter Räuber eine entscheidende Rolle bei der Verbreitung und dem weltweiten Triumph des Kapitalismus«. Banditen und Piraten hatten mithin beträchtlichen Anteil am Prozess der Staatenbildung und der Konsolidierung staatlicher Macht; daneben spielten diese Gruppen auch weiterhin eine wichtige Rolle im Zusammenhang mit der Zentralisierung des Staates. Was die Entstehung und Verbreitung der europäischen

Imperien betrifft, heißt es bei Gallant: »Die Piraten fungierten sowohl als wirtschaftliche Akteure wie als informelle Krieger, indem sie die Expansion der europäischen Imperien förderten.«[1]

Dies scheinen ungewöhnliche Positionen zu sein, sie werden aber von mehreren anderen Forschern zum Thema Piraterie bestätigt.

Dass dies den Piratophilen nicht behagt, liegt auf der Hand. Aber der Versuch, die Piraten als staatsfern oder -feindlich den *privateers*, den Kaperern oder Freibeutern / Korsaren als Dienern des Staates gegenüberzustellen, ist nicht sehr überzeugend. Allein die Tatsache, dass die Mehrheit der praktizierenden Kaperer Piraten waren und umgekehrt, spricht gegen diese These. Solange Krieg herrschte, war Kaperei (*privateering*) die Form des Seeraubs, in Friedenszeiten war es die Piraterie.

Der Übergang von der Kaperei »zur unverhohlenen Piraterie war dabei stets fließend«, meint Arne Bialuschewski, »und oft hing es nur von der Perspektive des Betrachters ab, ob die Aktivitäten dieser Seefahrer als Kaperei oder als Piraterie bezeichnet wurden.«[2] Gottfried Liedl weist darauf hin, dass englischen Freibeutern und muslimischen Piraten, Korsaren des Ritterordens und hugenottischen gemeinsam war, dass ihre »eminent weltpolitische Bedeutung in einer Art Lückenbüßerfunktion besteht. Es ist die relative Schwäche der zur See fahrenden Nationen oder ›Staaten‹, die ( ... ) zu jener Zeit noch nicht oder nur ansatzweise über permanente Kriegsflotten verfügen. ( ... ) Ohne Söldner keine Landsknechtheere, ohne Kaperkapitäne keine Marine.«[3] So strebten Holland, England und Frankreich die Schaffung von Imperien an, es fehlte ihnen aber die dafür nötigen Mittel. Es blieb Unternehmern überlassen, staatliche Politik mit privaten Mitteln zu verwirklichen. Die Piraterie, die bei der Schaffung der neuen Imperien behilflich gewesen war, verteidigte und finanzierte nun deren Aktivitäten.[4]

In »Fluch der Weltmeere« konstatiert Kempe, dass all den zwischen dem 16. und 19. Jahrhundert auftretenden Typen von Piraten und Kaperfahrern allen Unterschieden zum Trotz gemeinsam gewesen sei, »dass sie in irgendeiner Form mit souveränen Staatsgewalten in Verbindung«[5] standen. Folglich habe der Aufstieg Englands, Frankreichs und der Niederlande zu bedeutenden Kolonial- und Seemächten auf der Grundlage von Seeräuberei begonnen, heißt es bei Bohn. Die Taten Hawkins', Raleighs, Drakes, Piraten in königlichem Dienst, »schufen die Grundlage dafür, daß aus einer der ärmsten Nationen des frühneuzeitlichen Europa ein weltumspannendes Empire wurde«.[6]

David Childs hat die enge Verflechtung von Staatsgewalt und Korsarenelite analysiert, eine »piratocracy« – seit Hawkins, ab 1579: Der elisabethanische Staat sei in allen wesentlichen Teilen an der Piraterie beteiligt gewesen, einschließlich des Privy Council (des Kronrats), dessen Mitglied der Lord Admiral war, des High Court of Admiralty, dessen Richter der Lord Admiral ernannte, etc.[7] Laut Bohn war der Umfang des Seeraubs der Niederländer noch ausgeprägter als bei den Engländern.[8]

Die symbiotische Beziehung zwischen Piraterie und Staat findet sich immer wieder in der Geschichte, von den Anfängen bis heute: »Bereits in der Antike war also Piraterie immer eng mit der Macht, den Interessen und den Strategien von Staaten verbunden.«[9] In seinem Aufsatz über Piraterie in der griechischen Antike betont Burkhard Meißner den komplementären Charakter von Piraterie und Staatlichkeit in der Welt der Antike.[10]

Zwar durfte ab dem fünften Jahrhundert v. Chr. in Athen kein Privatmann mehr ein Kriegsschiff besitzen, lesen wir bei Heidrun Derks, und jede Seeoperation musste genehmigt werden. »Doch es boten sich Auswege. Man konnte sich in den Dienst der staatlichen Flotte stellen und fortan in deren Auftrag aktiv werden. Dann durfte man mit dem Argument, die kriegsgeschüttelte Staatskasse zu entlasten, Küstensiedlungen überfallen, plündern und Menschen rauben. Die Beute bzw. der hierfür erzielte Preis war (...) in Athen abzuliefern. Damit diente diese Gräueltat dem Gemeinwesen und galt selbstverständlich weder als Unrecht noch als Verbrechen.«[11] Solange sie also den Interessen der Herrscher und regierenden Politiker nutzte, galt Piraterie nicht als Verbrechen. Ein Beispiel für einen Herrscherpiraten ist der durch Schillers Gedicht in Deutschland bekannt gewordene Polykrates. Volker Grieb zeigt mit Blick auf die Vandalen und Araber im Mittelmeer – (»Vom Mare Nostrum zum Mare Barbaricum«), wie ein Staat mit piratischer Unterstützung seine außenpolitischen Interessen geltend machen konnte, und dies nicht nur im Sinne der Wahrung seiner territorialen Grenzen, sondern auch mit Blick auf die weitere Ausdehnung seiner Einflusssphäre.[12] Der dauerhafte Unterhalt einer Flotte hätte den Staatshaushalt der meisten Länder überfordert, deshalb nahm man gern die Dienste kampferprobter Seeräuber in Anspruch.

Die Macht der Vitalienbrüder oder Likedeeler entstand in den Nordischen Kriegen der Ostseeanrainer um die Vorherrschaft in diesen Gefilden, an denen auch die Hanse beteiligt war, heißt es bei Bohn. »Stets von neuem statteten Fürsten Schiffsführer mit ›Stelbreven‹ aus, wie Kaperbriefe seinerzeit im niederdeutsch-skandinavischen Raum treffend genannt wurden.«[13]

Die staatlich lizensierten Seeräuber wurden zur »Speerspitze der extraterritorialen Expansion der Nordeuropäer auch in Westindien. Sie wurden so zum entscheidenden Träger der nicht-iberischen Eroberungspolitik in der Karibik.« Kempe zufolge gelang die englische Besetzung Jamaikas 1655 »vor allem durch die mit englischen Vollmachten versehenen Bukanier- und Flibustierverbände. Im 16. und 17. Jahrhundert verband sich der Seeraub auf ganz besonders enge Weise mit den politischen und religiösen Mächten. Diese enge Verbindung von Piraterie und Staat brachte

»den Kapereiunternehmer hervor, der sich als Reeder darauf spezialisierte, im Auftrag einzelner Souveräne mehrere Beutefahrer, oft aus verschiedenen Ländern, anzuheuern, um auf diese Weise größere Kaperverbände für seinen jeweiligen Auftraggeber zusammenzustellen. Solche Verbände sollten meist der Verstärkung der regulären Marine oder gar erst dem Aufbau einer solchen dienen. So hatte beispielsweise 1674 der Kurfürst von Brandenburg, Friedrich Wilhelm I., den niederländischen Reeder und Seehandelskaufmann Benjamin Raule dazu beauftragt, mit Hilfe international angeworbener Kaperfahrer einen kurfürstlichen Marineverband aufzubauen.« Raule gelang es innerhalb weniger Jahre, »eine kleine Flotille an Kaperfahrern zusammenzustellen, die dem Großen Kurfürst nicht nur im Krieg gegen Schweden (1674–1678) nützlich waren, sondern auch entscheidend zur Etablierung preußischer Stützpunkte an der afrikanischen Küste und in Westindien beitrugen«.[14] Man vergleiche mit diesen Kapereiunternehmern den Chef der *Blackwater*-Söldnertruppe Eric Prince. Die *Blackwater*-Söldner können sich freilich anders als die Piraten und Filibuster nicht der ungeteilten Sympathie der antiimperialistischen Kräfte erfreuen.

Eine entscheidende Rolle im Verhältnis von Piraten und imperialistischem Staat kam im 17. Jahrhundert den Bukanieren zu. Sie destabilisierten das spanische Kolonialsystem und ermöglichten es anderen Nationen, einen Platz in der westlichen Hemisphäre zu finden. Snelders verweist auf die wichtige Rolle der Bukaniere für die von Louis XIV. zu den Westindischen Inseln geschickten Flotten; als zum Beispiel »die französische Flotte am 7. Mai 1678 von Martinique aus in See stach, wurden die 18 französischen Kriegsschiffe durch mehr als ein Dutzend Filibustierschiffe verstärkt mit mehr als 2000 Brüdern an Bord – eine der größten Truppenansammlungen in der Geschichte der Bruderschaft«.[15]

Der Bukanier Henry Morgan machte sich mit seinem Einsatz

für England so unentbehrlich, dass er dafür geadelt wurde und sich zuletzt sogar eines gutdotierten Postens in der Verwaltung erfreuen durfte.[16] Der Augenzeuge Exquemelin schreibt dazu: »Den nächsten Raubzug bereitete Morgan auf der Insel Vaca vor, welche südlich von Hispaniola liegt. ( ... ) Ja, der Gouverneur von Jamaica stellte ihm ein mit sechsunddreißig Geschützen versehenes königliches Schiff zur Verfügung, damit er etwas Ordentliches unternehmen könne. Darüber freute sich Morgan sehr, denn mit seiner Flotte hätte er kein Kastell anzugreifen vermocht.«[17]

Der wohl bekannteste und erfolgreichste französische Pirat, René Duguay-Trouin, wurde schließlich vom König Frankreichs zum Vizeadmiral ernannt.[18]

Aber nicht nur die französischen Könige bedienten sich der Piraten und profitierten von ihnen, sondern auch die Französische Revolution. Nach der Kriegserklärung gegen England verkündete der Konvent im Januar 1793: »Handelsmarine! Unter der Herrschaft des Despotismus, der dich mit Erniedrigungen überhäufte, brachtest du Jean Bart, Duquesne, Duguay-Trouin hervor; was wirst du erst unter der Herrschaft der Gleichheit vollbringen! Beschränke die Kämpfe zur See nicht auf das Geschützfeuer; der freie Mann, der angegriffen wird, muss voller Wut kämpfen. ( ... ) wage das Entern mit dem Beil in der Hand; sie sollen unter deinen Schlägen fallen, diese stolzen Inselbewohner, Despoten des Ozeans!«[19]

Gesagt, getan. Das war die Stunde der französischen Korsaren. Bis Ende 1795 kaperten sie über zweitausend Schiffe. Einige von ihnen, wie Jean-Jacques Fourmentin aus Boulogne, wurden in die Ehrenlegion aufgenommen und als Nationalhelden gefeiert.[20]

Im Extremfall wurde aus der symbiotischen Beziehung von Staat/Regierung und Piraten eine Identität: Die Piraten waren ganz wesentlich der Staat, der Staat ein Piratenbund. Am engsten und dauerhaftesten dürfte dies bei den Barbareskenstaaten vom

17. bis ins 19. Jahrhundert der Fall gewesen sein, wie bereits anhand des oben zum Thema Piraterie und Sklaverei Angeführten ersichtlich geworden sein dürfte.

Die nordafrikanischen Piratenstaaten wurden von den europäischen Staaten jener Zeit de facto und zum Teil auch de jure als solche anerkannt, man schloss Verträge mit ihnen, entsandte Botschafter, zahlte Tribut und Schutzgeld, um sich vor der Beraubung durch die Staatspiraten zu schützen. Zudem entrichtete man Lösegelder zur Befreiung der versklavten Staatsbürger – soweit dies nicht durch die Kirchen oder für diesen Zweck gegründete kirchliche Orden geschah.

# Piraten als Teil staatlicher Gewalt

Im Gegensatz zu den Piraten hatten Söldner einen schlechten Ruf. Doch die Wikipedia-Definition springt ihnen zur Seite: »... in letzter Zeit wird versucht, diese wichtige soziale Gruppe wertneutral zu betrachten und ihre Herkunft, ihre Lebensweise und ihre Motivation, Söldner zu werden, zu ergründen. Auch die simple Zuschreibung der Täterrolle ist zu hinterfragen, da sie in vielen Fällen selber von den Kriegsunternehmern oder ihren Offizieren ausgenutzt wurden.«[1] – Wir dürfen also davon ausgehen, dass bald auch die Söldner des Dreißigjährigen Krieges als Wegbereiter der Aufklärung und sozialen Befreiung und humanitäre Helfer entdeckt werden.

Bei Stephen Snelders lesen wir, dass die Bukaniere der zweiten Hälfte des 17. Jahrhunderts sich ähnlicher Strategien bedienten wie die Söldnerheere. Man marschierte geschlossen in Reih und Glied, benutzte *noms de guerre*, trieb Tributzahlungen ein, wählte einen Quartiermeister, der die Aufsicht über die Verteilung der Beute übernahm.[2] Snelders bezieht sich dabei auf J. S. Bromleys »Outlaws at Sea, 1660–1720. Liberty, Equality, Fraternity«. (Die bei Piraten als Ausweis republikanisch-demokratischer Gesinnung und Praxis gelobte Wahl von Vorgesetzten und Befehlshabern findet sich also auch bei den Söldnern, allerdings noch ohne deren entsprechende ideologische Aufwertung.)

Mitchell nennt die Zeit der *great raids*, der großen Raubzüge, »die Phase der Großen Kapitäne und der großen Bataillone, als Schiffe wenig mehr als Truppentransporter eines Pendelverkehrs zu den misshandelten Städten des Isthmus und des spanischen Festlands waren«. Die dabei bewiesene Brutalität und Grausamkeit seien aber »wahrscheinlich wenig schlimmer« gewesen als

»das Verhalten der plündernden Armeen während des Dreißigjährigen Krieges oder von Cromwells Truppen in Irland«.[3]

Das 17. Jahrhundert war allerdings nur die Periode, in der die Parallele zwischen Piraten und Söldnern am offensichtlichsten zutage trat. Sie findet sich während der gesamten Geschichte der Piraterie, sei es im Atlantik oder im Pazifik, in der Sulusee oder im Mittelmeer. Bereits in hellenistischer Zeit hätten Söldner sich in die Reihen der regulären Krieger eingeschlichen und an kriegerischen Auseinandersetzung teilgenommen, schreibt der Althistoriker Guy Thompson Griffith in »The Mercenaries of the Hellenistic World« (1935). Unter ihnen fanden sich auch zahlreiche Seeräuber.[4] »In Kriegszeiten ( … ) beauftragten die Verwalter richtiger Staaten häufig Privatleute. Manchmal heuerten sie Banditen an, die ihre Feinde überfallen sollten, und ihre regulären Truppen wurden ermutigt, Beute zu machen. Von Soldaten und Seeleuten im Dienst des Königs wurde häufig erwartet, dass sie selbst für ihren Lebensunterhalt sorgten, indem sie Beute bei der Zivilbevölkerung machten. Sie beschlagnahmten, vergewaltigten, plünderten und verlangten Prämien. Wenn sie demobilisiert wurden, behielten sie in der Regel die gleiche Praxis bei, allerdings ohne den gleichen königlichen Schutz; demobilisierte Schiffe wurden zu Piratenschiffen, demobilisierte Soldaten zu Banditen.« So Charles Tilly in seinem Essay mit dem treffenden Titel »War Making and State Making as Organized Crime«.[5] Mit dem 18. Jahrhundert standen dann freilich ausreichend starke und gut ausgebildete Marineeinheiten zur Verfügung, die es nicht nur ermöglichten, auf die Piraten als maritime (Ersatz-)Streitkraft zu verzichten, sondern sie auch zu bekämpfen und schließlich zu besiegen. Das sogenannte Golden Age der Piraterie endete gegen 1730.

In ihrem vielbeachteten und einflussreichen Buch »Mercenaries, Pirates, and Sovereigns. State-Building and Extraterritorial Violence in Early Modern Europe« behandelt die amerikanische

Politologin Janice E. Thomson das – auch für Piraterie zentrale – Thema der Trennung von privater und staatlicher Gewalt(anwendung) bei der Bildung des modernen Nationalstaats, ein Prozess, der ihr zufolge erst im 20. Jahrhundert abgeschlossen war. Für die nachmittelalterliche Zeit (ca. 1300–1900 laut Thomson) bestimme nichtstaatliche Gewalt das internationale System. Das Konzept der »extraterritorial nonstate violence« sei wesentlich zum Verständnis dieses Systems; d. h. die Gewaltausübung durch nichtstaatliche Akteure außerhalb der Staatsgrenzen in der Auseinandersetzung mit anderen Staaten. Darunter fielen all die zahllosen Praktiken internationaler Gewalt im frühneuzeitlichen Staatensystem durch Söldner, Piraten, Kaperfahrer, Handelskompanien etc.

Die staatliche Gewalt nach außen sei *democratized* (allen ohne Unterschied des Standes zugänglich), *marketized* (den Kräften und Gesetzen des Marktes unterworfen) und *internationalized* (Bürgern aller Länder zugänglich) gewesen. Die Entwicklung hin zum Nationalstaat bedeutete bekanntlich die Monopolisierung der Gewalt durch den Staat im Innern, woraus sich auch die entsprechende Monopolisierung der Gewaltanwendung nach außen ergeben habe, d. h. die Trennung von privater und staatlicher Gewalt. »Militärische Arbeitskraft wurde wie eine Ware auf dem globalen Markt gekauft und verkauft«, heißt es bei Thomson; Größe und Stärke von Armee oder Marine seien von der Fähigkeit des Staates abhängig gewesen, Soldaten und Seeleute aus dem internationalen System zu rekrutieren.[6] Alle größeren Staaten bedienten sich im 18. Jahrhundert ausländischer Söldner und auch Offiziere; das Kriegspersonal war multinational. Die preußische Armee jener Zeit etwa bestand im Jahrhundertdurchschnitt zu etwa 50 Prozent aus Söldnern. Der Markt für militärische Arbeitskräfte zu Land und zur See sei außerordentlich international gewesen. (Wobei multi*national* und inter*national* insofern problematische

Termini sind, als der *National*staat ja erst im Entstehen begriffen war. Heute erscheinen uns die französische Fremdenlegion oder in Afrika kriegführenden Söldner als sonderbar bis anrüchig – im Europa der Frühen Neuzeit war das eher die Regel.)[7]

Dass sich auf den neuzeitlichen Piratenschiffen Europäer verschiedenster Länder fanden, ist also keineswegs ein Spezifikum einer »multi-« oder gar »antinationalen« Piratenschaft, wie man es in der einschlägigen piratophilen Literatur lesen kann,[8] sondern ein triviales Faktum, das in unterschiedlichem Maße für alle kriegführenden und organisierte Gewalt ausübenden Mächte jener Zeit galt. So bestand zum Beispiel ein bayerisches Regiment gegen Ende des Dreißigjährigen Krieges aus 534 Deutschen (d. h. aus den zahlreichen Ländern deutscher Nation), 217 Italienern, 15 Franzosen, 24 Lothringern, 24 Burgundern, 26 Griechen, 54 Polen, 14 Türken, 18 Dalmatiern, zwei Schotten und anderen mehr.[9]

Der staatlich gebilligte und geförderte Seeraub, zumal in der Form des Privateering, war ausgesprochen erfolgreich, die Privateers dominierten die Kriegsführung zur See, schreibt Thomson, Söldnerarmeen und -marinen wurden zum Normalfall.[10] England errang die Vorherrschaft über Spanien zur See weitgehend durch die Aktivitäten der elisabethanischen *Sea Dogs*. Drake, Cavendish, Clifford und Raleigh praktizierten, was man als »staatlich geförderten Terrorismus« bezeichnen könnte.[11]

Während des Österreichischen Erbfolgekriegs (1739–48) soll Frankreich etwa 3500 Schiffe an britische Kaperfahrer verloren haben. Andererseits stellten die französischen Kaperer von Saint Malo, Dünkirchen und anderen Häfen an der Atlantikküste die Hauptbedrohung für die britische Schiffahrt in der Zeit zwischen 1689 und 1815 dar. Im Spanischen Erbfolgekrieg (1701–13) kaperten britische und amerikanische Privateers mehr als 2000 Schiffe.

Die »private« nichtstaatliche Gewalt in der Frühen Neuzeit

diente zuweilen der Staatenbildung und der Festigung staatlicher Gewalt, von einer prinzipiellen Konfrontation und Feindseligkeit zwischen Piraterie und Staat kann also keine Rede sein.

Piraterie galt zu der Zeit somit als legitime Praxis unter den europäischen Herrschern. Thomson zufolge halfen die Piraten dabei, die Kassen des Souveräns, seiner Beamten und von privaten Investoren zu füllen, sie trugen auch durch Plünderung und Raubschatzung dazu bei, den Feind zu schwächen. Zudem belieferten sie die europäischen Märkte mit knappen Gütern, brachen somit die Handelsmonopole konkurrierender Staaten.[12]

Das Problem mit diesen Formen der nichtstaatlichen und transnationalen Gewaltanwendung nach außen bestand darin, dass der Staat die von ihm autorisierte Gewalt nicht kontrollieren konnte und die nichtstaatliche Gewalt sich oft gegen den Staat kehrte – so erwuchs z. B. aus Kaperei und Freibeuterei immer wieder organisierte Piraterie, Söldner drohten ihre Heimatstaaten in die Kriege anderer Staaten zu verwickeln, Handelskompanien wendeten Gewalt gegeneinander und sogar gegen ihre Heimatstaaten an. Entscheidender sei jedoch das Agieren der Staaten selber gewesen. »Die Herrscher waren durchweg nicht in der Lage, der Versuchung zu widerstehen, nichtstaatliche Gewalt zu bewilligen, während sie die Verantwortung und Rechenschaftspflicht für deren Folgen von sich wiesen.« Das Vorgehen von Queen Elizabeth I. bietet dafür ein einschlägiges Beispiel. »Infolgedessen kam das moderne Staatensystem wahrscheinlich dem Zustand wirklicher Anarchie so nahe wie niemals sonst in seiner Geschichte.«[13]

Die Bekämpfung und Entwaffnung der nichtstaatlichen transnationalen »Kriegführenden« war Teil der Transformation der frühneuzeitlichen Staaten in das System der Nationalstaaten. Die Gewaltanwendung außerhalb der Grenzen wurde *dedemocratized, demarketized* und *territorialized*. Anders gesagt: »Gewalt wurde von den nichtstaatlichen, ökonomischen und internationalen Bereichen der Herrschaft auf die staatlichen, politischen und inländischen Bereiche verlagert.« Das setzte auch dem fließenden Übergang von der Piraterie zur Kriegsmarine (und umgekehrt) ein Ende.

## Piraterie als Erscheinungsform und Teil übergreifender historischer Prozesse

Für das Verständnis der Piraterie, zumal in der Frühen Neuzeit, scheint es also förderlich, sie im Zusammenhang und als Teil übergreifender staatlich-politischer Entwicklungen und internationaler Politik zu betrachten (statt als einzigartiges und pittoreskes Phänomen – oder sie als Projektionsfläche politischer Wunschträume und Utopien zu benutzen). Das erweist sich auch bei der Lektüre des von Alejandra Colás und Bryan Mabees herausgegebenen Bandes »Mercenaries, Pirates, Bandits and Empires. Private Violence in Historical Context«, London 2010, der ebenfalls *non-state* oder *private violence* – wenn auch in historisch und geographisch sehr viel breiterem Rahmen – untersucht. Anstelle des entstehenden Nationalstaats werden hier die frühneuzeitlichen merkantilen Imperien in den Vordergrund gerückt. Sie »waren weitaus mehr noch als territoriale Nationalstaaten verantwortlich für die transnationale Zirkulation von Waren, Armeen, Arbeitskräften und Gesetzen, die historisch die Formen privater Gewalt zu Wasser und zu Lande hervorgebracht haben. (…) Imperien haben ökonomisch, politisch und geostrategisch von diesen sehr privaten Quellen von Gewalt profitiert.« Zugleich setzten diese Formen privater Gewalt den im 16. Jahrhundert entstehenden »integrierten Weltmarkt« voraus.[14]

Die klare Trennung und feindliche Konfrontation von Piraterie einerseits und Imperium, Imperialismus und kapitalistischem

Handel und Weltmarkt andrerseits erweisen sich auch aus dieser Sicht als völlig ungenügend und naiv.

Ein weiteres umfassenderes Phänomen, das in letzter Zeit historisch und soziologisch Beachtung fand, auch im Hinblick auf die Piraterie, war das der *Gewaltgemeinschaft,* so etwa in dem von Winfried Speitkamp herausgegebenen »Gewaltgemeinschaften in der Geschichte. Entstehung, Kohäsionskraft und Zerfall«.

Besonders interessant im Zusammenhang unserer Thematik sind die Überlegungen Speitkamps zur »gesellschaftlichen Mythosbildung« bei Gewaltgemeinschaften: »Mythosbildung funktioniert vor allem, wenn das Wirken der Gewaltgemeinschaften mit einem ethischen Anspruch verbunden werden konnte, sei er sozialer Art« – das Robin Hood-Modell –, »politischer Art wie bei Wehrverbänden, die sich als Wegbereiter einer neuen Gesellschaft ( ... ) feiern ließen« (das Rediker-Modell sozusagen), oder nationaler Art wie etwa im Fall antikolonialer Widerstands- und Selbstbefreiungsgruppen (man vergleiche die rabiat antispanische Haltung so vieler britischer, holländischer und auch französischer Piraten). Neben manch anderem konnte »Gerechtigkeit beim Beutemachen ( ... ) als Gegenmodell zu einem bürokratisch-kalten Staat, zu einer materialistischen Wirtschaftsordnung, zu einer atomisierten, anonymisierten Gesellschaft angesehen und angeboten werden«.[15] Die piratophile Literatur liefert reiches Belegmaterial dafür.

Der Zusammenhang von Gewaltgemeinschaften und Beutemachen/-verteilung wird in dem von Horst Carl und Hans-Jürgen Bömelburg herausgegebenen »Lohn der Gewalt« behandelt,[16] wo auch die zentrale Rolle der Beuteverteilung erörtert wird. Das darin liegende Konfliktpotential sei schon in der »Ilias« thematisiert worden mit dem Zorn des Achill. »Der Konflikt bildet den Ausgangspunkt für das Epos, so dass ein Beutestreit den Anfang der antiken Epik markiert.« Nicht auf dem gemeinsamen Raub beruhe die Kontinuität der Gemeinschaft, sondern auf der »erfolgreichen Ausschüttung der Dividende«.

Man vergleiche damit die glaubhaft-»realistische« Erzählung des Odysseus: »Gleich von Ilion trieb mich der Wind zur Stadt der Kikonen / Ismaros hin. Da verheert ich die Stadt und würgte die Männer. / Aber die jungen Weiber und Schätze teilten wir alle / Unter uns gleich…« (IX, 40–42)

Die zentrale Rolle der Beuteverteilung in den Piratenverträgen (*Articles*) bestätigt das. Und es zeigt sich, dass den piratischen Beuteverteilungen nicht ein utopischer Gesellschaftsentwurf zugrunde lag, sondern vielmehr die Gewaltgemeinschaft erhaltende und fördernde soziale und organisatorische »Sachzwänge«. Ormerod berichtet von einer Siedlung im sechsten Jahrhundert v. Chr. auf den Liparischen Inseln und deren »kommunistischer Organisation, die bestens geeignet ist für eine piratische Gemeinschaft dieser Art ( … ) (A)lles Land war in Gemeinbesitz, und die Erträge der Raubzüge wurden unter der Bevölkerung aufgeteilt.«[17]

Überlegenswert scheint mir in diesem Kontext, ob die vielgelobten »demokratischen« und protokommunistischen Verhaltensweisen und Sozialstrukturen der »Golden Age«-Piraten sich aus den Sozialisierungszwängen einer *totalen Institution* ergeben, wie Erving Goffman sie zuerst beschrieben hat, oder einer engen, ausschließlich männlichen Kampfgemeinschaft, einer *band of brothers*, wie es sie wohl schon in der frühen Steinzeit gab. »Genauer besehen entspricht die anarchische Selbstorganisation der Piraten allerdings eher derjenigen akephaler Jäger, Sammler und Nomaden und lässt sich nicht ohne weiteres auf moderne Gesellschaften übertragen. Außerdem hat ihr Anarchismus Piraten nicht daran gehindert, die schlimmsten sozialen Vorurteile ihrer Zeitgenossen zu teilen. Und die idealisierte Selbstorganisation wäre kaum ohne ihre blutrünstige Kehrseite zu haben gewesen.«[18]

# »Viva la muerte!« – Piraten und (proto-)faschistische Schmierenkomödianten

Die Totenkopfflagge der Piraten dürfte weltweit zu den bekanntesten Symbolen gehören. Sie entstand erst spät, in der zweiten Hälfte des 17. Jahrhunderts. Der Totenkopf als Sinnbild des Todes hat freilich eine viel längere Geschichte. Zuerst erschien er auf den Piratenschiffen auf einer roten Flagge – die Bezeichnung dieser Fahne als *Jolly Roger* soll auf eine Verballhornung des französischen *joli rouge* zurückgehen.

Jacob de Bucquoy schreibt als Augenzeuge, dass, nachdem ein Schiff angegriffen worden sei, die Seeräuberflagge gehisst werde.[1]

»Um das potenzielle Opfer einzuschüchtern, ließen die meisten europäischen Piraten der frühen Neuzeit eine rote Fahne hissen; die so genannte ›Blutfahne‹ sollte signalisieren, dass man keine Gefangenen machen werde. (...) Ab dem ausgehenden 17. Jahrhundert begann der berühmte ›Jolly Roger‹ der Blutfahne als wehendes Piratensymbol Konkurrenz zu machen. Die schwarze Fahne mit Totenkopf, gekreuzten Knochen oder Enterhaken trug in unterschiedlichen Varianten das persönliche Signum eines jeweiligen Piratenkapitäns.«[2] Diese Fahne war weit verbreitet. Sie »sollte die ›Beute‹ der Piraten in Angst und Schrecken versetzen«, und doch bringe die Symbolik von Tod, Gewalt und begrenzter (Lebens-)Zeit auch die Erfahrung der Piraten selbst zum Ausdruck.[3]

Der Totenkopf als Symbol für den Tod wurde allgemein von den Kapitänen in ihren Logbüchern dafür verwendet, den Tod eines Besatzungsmitglieds zu notieren.[4]

»Piraterie beruhte auf Terror, wie alle Zeitgenossen der Freibeuterei wohl wussten. Captain Charles Johnson (...) nannte sie ›den Terror der handeltreibenden Welt.‹ (…) Die Piraten übten Terror gegen diejenigen aus, die den Handel organisierten, und gegen diejenigen, die ihn betrieben. Das begann, wenn ein Piratenschiff sich einer ins Auge gefassten Prise näherte und das wichtigste Mittel des Terrors hisste, den Jolly Roger, dessen unmissverständliche Botschaft lautete: ergebt euch oder sterbt.«

Rediker sieht darin, einen Anachronismus an den anderen hängend, »das antinationale Symbol einer Bande proletarischer Gesetzloser«. Der Staat ist für Rediker nicht weniger terroristisch: »in Wirklichkeit waren die Hüter des Staates in jener Zeit selber eine Art von Terroristen«, wenn sie z. B. »versuchten, die Piraterie als ein Verbrechen gegen das kaufmännische Eigentum zu unterdrücken«, wenn sie versuchten, »das Eigentum zu schützen, diejenigen zu bestrafen, die gegen die einschlägigen Gesetze verstießen«.[5]

Schon vor der Zeit der Piraten des »Golden Age« und auch danach wurde das Totenkopfsymbol in unterschiedlichen Varianten von militärischen Verbänden benutzt (bis zum heutigen Tag). Die allgemeine damit verknüpfte Botschaft war ein gleichsam hohenzollernsches »Pardon wird nicht gegeben! Gefangene werden nicht gemacht«! Aber es galt auch umgekehrt, dass Pardon nicht erwartet und im Fall der Niederlage Gefangenschaft nicht hingenommen werde. Der Zivilisierung und Verrechtlichung des Krieges stand dies freilich entgegen.

Schon im 16. Jahrhundert wurde der Totenkopf von Reitertruppen an der Mütze getragen. Aus diesem Grund wurden manche Husarenregimenter »Totenkopfhusaren« genannt – etwa das Braunschweigische Husaren-Regiment Nr. 17. Auch in den Freiheitskriegen trugen die Schillschen und Lützowschen Jäger das Symbol an der Mütze. Nach dem Ersten Weltkrieg schlossen sich dann den regulären Verbänden die Freikorps darin an, und schließlich wurde der Totenkopf zum Symbol der SS. »Als Hitlers persönliche Garde gerierten sie sich als Nachfolger der kaiserlichen Leibhusaren, die als ›schwarze Totenkopfhusaren‹ bekannt waren. – Von allen Symbolen, die die SS verwendete, blieb der Totenkopf am stärksten im Bewußtsein.« Der SS-Totenkopf ist heute in Deutschland verboten, hat aber nie jene Abwehrreaktionen hervorrufen können wie andere Nazi-Symbole.[6] Auch einige moderne militärische Einheiten vorwiegend aus angelsächsischen Ländern machen heute noch von der Symbolik des Totenkopfs und des *Jolly Roger* Gebrauch. Zum Beispiel das Luftkampfgeschwader der US Navy.

Das piratische Symbol par excellence begibt sich also grundsätzlich schon in eine wohl nicht zufällige, sondern schon von seinem Symbolgehalt her bedingte Nähe zu allem, was egalitären, demokratischen oder gar humanitären Traditionen entgegensteht – zum Militarismus etwa und schließlich, im Fall der SS, zur brutalsten rassistischen Vernichtungspolitik. Wie Redikers Piraten hätten auch die SS-Leute sagen können: »Was auch immer ihr fürchtet – Gewalt, Zerstörung, den Teufel, den Tod – das sind wir. Wir bejahen es.«[7]

Zeigt sich hier eine Geistesverwandtschaft? Durch die Verwendung des Symbols allein wohl noch nicht (es kommt vor allem auf dessen Deutung an). Die Piraten aber – oder sind es nur einige ihrer Interpreten? – zeigen gelegentlich ein Verhältnis zum Tode, das dem der Faschisten ähnelt.

Rediker zufolge war »die Bedeutung des Jolly Roger und vielleicht von Piraterie insgesamt: eine Herausforderung des Todes selbst«. Oder, um die oben zitierte Formulierung aufzugreifen: eine Bejahung (*embrace*) des Todes. Von dem Piraten John Gow weiß er bewundernd zu berichten, dass dieser am Galgen gestorben sei, »mit derselben brutalen Wildheit, die all seinen Handlungen zu seinen Lebzeiten zugrunde lag«.

Selbstmordpakte für den Fall der Gefangennahme waren anscheinend nicht ungewöhnlich unter den Piraten jener Zeit. Snelgrave berichtet, dass die Veteranen unter der Mannschaft, als ein Feuer auf dem Schiff, wo er gefangengehalten wird, mit Tausenden von Pfund Schießpulver ausbricht, »sich nahe dem Feuer versammelt hatten und in Hochrufe auszubrechen begannen: >*Für eine prächtige Explosion, um zur Hölle zu fahren.*< (…) Die Piraten jubelten laut und wiederholt ihrer gemeinsamen Vernichtung zu.«[8]

Umberto Eco sah in der »Voglia di morte«, wie er es nannte, der Lust am – ja dem Willen zum – Tode, ein verlässliches Merkmal des Faschismus: Es gebe einen Bestandteil, anhand dessen sich der Faschismus unmissverständlich erkennen lasse, und das sei der Todeskult (»culto della morte«). Keine andere politische und ideologische Bewegung habe sich je so entschieden mit der Nekrophilie identifiziert. Viele stürben für ihre Ideen und viele andere lassen andere für Ideale oder Interessen sterben, im Faschismus aber gelte der Tod als ein Wert, »der um seiner selbst willen zu bejahen sei«.[9]

Oder wie es in einer anderen Sprache heißt: *Viva la muerte.* Am 12. Oktober 1936 (am Ersten dieses Monats war Franco zum Staatschef Spaniens proklamiert worden), Tag der Entdeckung der Neuen Welt durch Columbus, fand in der Universität von Salamanca (Rektor Miguel de Unamuno) ein Festakt statt, an dem als einer der Ehrengäste auch General Millán Astray teilnahm, einer der Gründer der spanischen Fremdenlegion. Mit den ersten Junkers-Maschinen Hitlers 1936 von Marokko nach Spanien gebracht, wurden ihre Rekruten sogleich im Bürgerkrieg eingesetzt, »tätowiert, hahnenbunt, mit Talisman und Maskottchen, unter dem finsteren Zeichen eines verlorenen Haufens«. – Piraten des 20. Jahrhunderts. »Ihr langjähriger Chef entsprach in seinem Äußeren aufs beste dem Bild, das die Legion von sich verbreitet wissen wollte: jeder Zoll ein Kerl. Narben- und ordenbedeckt, hager, auf dem kahlen Schädel das goldbordierte Käppi mit der roten Troddel, über der rechten Augenhöhle ein schwarzes Monokel, der linke Ärmel leer. Umso eleganter salutierte er mit der Rechten im weißen Handschuh, ein ruhmvoll blessierter Haudegen, der sich in Szene zu setzen verstand.« – Der General begann nun zu reden, und »(b)ald erklang im Saal die Parole, welche die Legion dem General Millán verdanken soll: ›Viva la muerte – es lebe der Tod‹«.[10]

Das Kostümspiel, das Schmierenkomödiantische, der Zuhälterstil – das gehört ebenso zum Faschismus wie zu vielen Piratenkapitänen: Vor dem Treffen mit der *Swallow* von der Royal Navy 1722 warf Bartholomew Roberts sich in Schale: Er legte eine »prächtige purpurne Damast-Weste und Kniehosen« an, setzte einen Hut mit roter Feder auf, schmückte sich mit einer »goldenen Kette, woran ein Kreuz aus Diamanten hing«. Ein Schwert und zwei Pistolen komplettierten seinen Aufzug. Mit den Segeln ließ er auch die schwarze Fahne hissen.[11]

Über den berühmten Piratenkapitän Blackbeard (Edward Teach) berichtet Captain Johnson, dieser habe die Angewohnheit gehabt, »to invite five or six of his brutal Companions to come ashore«, wo er die Nacht mit seiner Frau verbracht hatte, »and he would force her to prostitute her self to them all, one after another, before his Face«.[12] Piratenkapitän Kennedy bestritt den zweiten Teil seiner Karriere als erfolgreicher Bordellbesitzer – *in style*.[13]

Die Piraten pflegten ihre Waffen nicht nur sorgfältig, »sie bemühten sich, einander mit der Schönheit und Kostbarkeit ihrer Waffen zu übertreffen und gaben zuweilen bei einer Auktion 30 oder 40 Pfund für ein Paar Pistolen aus. Diese wurden, wenn sie im Einsatz waren, mit verschiedenfarbigen Bändern über ihre Schultern geworfen, in einer Weise, die charakteristisch war für diese Gesellen und woran sie großes Vergnügen fanden.«[14]

Überhaupt die Goldkettchen. Sie waren, zusammen mit den Ringen, die Rolex des Piraten. (Ohrringe scheinen dagegen eine spätere Ausschmückung zu sein.)

» ... die Piraten fügten ihrer Kleidung alle Arten von geplünderten Seiden-, Samt- und Brokatstoffen hinzu.« »In bewußter Missachtung gesellschaftlicher Kleiderordnungen« trugen Piratenkapitäne »protzige Adaptionen an die Gewänder von Edelleuten«. Snelders weist darauf hin, dass die englischen Straßenräuber und Wegelagerer ähnliche Vorlieben pflegten.[15]

An Land, schreibt Mitchell, »stolzierten die Piraten im Aufputz der Oberschicht herum, Pfauengockel der Straßen und der Tavernen«.[16] Aber: Sollte sich laut Rediker nicht der *heroische proletarische Gesetzesbrecher*, der »Seemann in seiner derben Schlichtheit«, vom »Händler in seinem seidenen Aufputz« unterscheiden?[17]

»Mit Nietzsche erscheint die schwarze Freibeuterflagge des Piraten zum ersten Mal auf den Meeren der deutschen Erkenntnis«, erklärt Stefan Zweig in »Friedrich Nietzsche. Der Kampf mit dem Dämon«. *Diese* Meere der deutschen Erkenntnis erwiesen sich recht bald als brauner Sumpf.

Im letzten Kapitel seines Buches, »Dionysus in the West Indies: A Nietzschean Look at Golden Age Piracy«, preist auch Kuhn die Thanato-/Nekrophilie der Piraten: » ... im Zentrum des piratischen Lebens des Goldenen Zeitalters findet sich eine uneingeschränkte existentielle Vitalität, oder, in Nietzsches Begriffen, eine Dionysische Philosophie – eine unglaublich starke und mächtige antiautoritäre und befreiende Kraft, die keine Einschränkungen durch gesellschaftliche Rücksichtnahmen, ethische Grundsätze oder politische Ideale kennt. Es ist eine Kraft, die sich deshalb in alles verwandeln kann: einen Verbündeten im Kampf für Freiheit oder Gerechtigkeit oder einen furchtbaren faschistischen Feind.« Nietzsche empfehle »eine kompromisslose Bejahung des Lebens in jeglicher Hinsicht, ungehemmt von bourgeoisen Werten und Einschränkungen«, und: »Die Piraten des Goldenen Zeitalters scheinen diese Ansicht geteilt zu haben.« Jedoch muss Kuhn einräumen: »ihre ethische Welt schien auf ihre eigene exklusive soziale Welt beschränkt gewesen zu sein. Außerhalb dieser war man kaum durch irgendwelche Prinzipien gebunden.«[18]

Ein anderer Vitalist unter dem Totenkopf bestätigt dies: »Ein Grundsatz muss für den SS-Mann absolut gelten: ehrlich, anständig, treu und kameradschaftlich haben wir zu Angehörigen unseres eigenen Blutes zu sein und sonst zu niemandem.« (Heinrich Himmler in seiner Posener Rede vom 4. Oktober 1943.)

In der Philosophie Nietzsches wird auch die Grausamkeit der Piraten geadelt: Die folgende oft zitierte Passage aus »Jenseits von Gut und Böse«, so Kuhn, »erinnert unvermeidlich an die Bestrebungen der Piraten des Goldenen Zeitalters«:

»Sagen wir es uns ohne Schonung, wie bisher jede höhere Kultur auf Erden *angefangen* hat! Menschen mit einer noch natürlichen Natur, Barbaren in jedem furchtbaren Verstande des Wortes, Raubmenschen, noch im Besitz ungebrochner Willenskräfte und Macht-Begierden, warfen sich auf schwächere, gesittetere, friedlichere, vielleicht handeltreibende oder viehzüchtende Rassen, oder auf alte mürbe Kulturen, in denen eben die letzte Lebenskraft in glänzenden Feuerwerken von Geist und Verderbnis verflackerte. Die vornehme Kaste war im Anfang immer die Barbaren-Kaste: ihr Übergewicht lag nicht vorerst in der physischen Kraft, sondern in der seelischen – es waren die *ganzeren* Menschen.«[19]

Dem fügt Kuhn dann mit Deleuze folgenden Unfug hinzu: »... die ›Freude der Vernichtung‹, die ›*Bejahung* von Vernichtung und Zerstörung‹ ( ... ) Das ist der ›entscheidende Punkt‹ der Dionysischen Philosophie: der Punkt, wo die Verneinung eine Bejahung des Lebens darstellt.«[20] Zu diesem Orwellschen Räsonieren passt die Bejahung des Todes, die Sympathie mit ihm.

Und nun: Auftritt Gabriele D'Annunzio! Bei den Pariser Friedensverhandlungen 1919 gelang es Italien nicht, seinen Anspruch auf die dalmatinische Hafenstadt Fiume (Rijeka) durchzusetzen. Gegen den Willen der italienischen Regierung besetzte Gabriele D'Annunzio mit einigen hundert Freischärlern (den *arditi* – den Kühnen) am 12. September die Stadt und rief die italienische Regentschaft am Quarnero aus (*Reggenza italiana del Carnaro*): »futurista, rivoluzionaria e filibustiera«. Über Fiume wurde nun eine Land- und Seeblockade verhängt, und D'Annunzio sah sich veranlasst, aufgrund des Nahrungsmittelmangels Schiffe zu kapern – wozu er seine *arditi* in *uscocchi* umbenannte, nach den dalmatinischen Piraten des 16. Jahrhunderts, die in der Adria, und vor allem unter den venezianischen Schiffen, immensen Schaden angerichtet hatten. D'Annunzio selber wurde »il Grande Uscocco« genannt. Im Dezember 1920 setzten schließlich italienische See- und Landstreitkräfte der Herrschaft des Großen Piraten und seinem Kostümfest ein Ende.[21] »Nach dem Januar 1921, mit dem Ende des Unternehmens von Fiume, und nachdem sich der ›Große Uskoke‹ in eine Villa am Gardasee zurückgezogen hatte, war in der Adria von Piraterie nichts mehr zu hören.« Dort – und überall sonst in Italien – war nun von Mussolini und seinen Faschisten die Rede, die D'Annunzio und seinen Piraten so viel zu verdanken hatten, angefangen von den schwarzen Hemden bis zum römischen Gruß. Die *arditi* »tragen Fes-Mützen, die später zum Markenzeichen des italienischen Faschismus werden« – und die dann das Haupt Millán Astrays und seiner Legionäre bedecken – sowie »schwarze Hemden mit weißen Totenschädeln«.[22] Sie singen bereits die spätere Faschisten-Hymne »Giovinezza«. Ihr Schlachtruf, den D'Annunzio bei den Militärpiloten eingeführt hatte – »Eia Eia Eia! Alalà!« –, konnte sich jedoch nicht durchsetzen. Man weiß nicht so recht, ob man das bedauern soll. Er fand jedoch Eingang in ein langes Gedicht von ihm zur Regentschaft, »La canzone del Quar-

naro«, das eine Kontinuität mit den piratischen Uskoken besingt:
»Dentro i covi degli Uscocchi / sta la bora e ci da posa. / Abbiam
Cherso per mezzana, / abbiam Veglia per isposa, / e la parentela
ossosa / tutta a nozze di corsaro. / Eia, mirto del Quarnaro! / Eia
Eia Alalà!« (»In den Höhlen der Uskoken / verweilt die Bora und
lässt uns rasten. / Wir haben die Insel Kres als Kupplerin, / wir
haben (die Insel) Krk (in der Kvarner Bucht) als Braut, / und die
knöchernen Verwandten / sind alle bei der Trauung des Korsaren
anwesend. / Eia, Liebe des Quarnaro! / Eia Eia Alalà!«

Das Foto eines SPIEGEL-Artikels zum Thema zeigt drei sehr
junge Arditi, mit nacktem Oberkörper in Angriffsstellung, ein
Messer zwischen den Zähnen, in der rechten Hand eine Hand-
granate (?) – Kindergeburtstag, Kostümfest, faschistischer Schlä-
gertrupp – alles in einem, eher erheiternd als bedrohlich. (Ein
weiteres Foto dort zeigt eine öffentliche Versammlung kurz nach
Erklärung der *Reggenza*, bei der etwa die Hälfte der Porträtierten
ein Messer zwischen den Zähnen hat.)[23]

Als Symbol der Arditi hatte der Totenkopf ein Messer zwischen
den Zähnen, auch der Totenkopf der linken *Arditi del popolo*, die
es in den Zwischenkriegsjahren gab.

Im jugoslawischen Partisanenkampf gegen die deutsche und
italienische Besatzung wurde ebenfalls auf die uskokischen Piraten zurückgegriffen. So appelliert im März 1943 der kroatische
Schriftsteller Vladimir Nazor an die Dalmatier. »Auf dass jeder
dalmatinische Berg zur Partisanenfestung werde, jede unserer
Buchten zu einem Piratennest, das sich gegen den Raub unseres
Meeres wehrt.«[24]

Am 17.9.2019 berichtet der Deutschlandfunk: »In Triest (…)
wurde vergangene Woche, am 100. Jahrestag der Besetzung (von
Fiume/Rijeka), ein Denkmal für Gabriele D'Annunzio enthüllt –
faschistische Schwarzhemden waren auch vor Ort. Das kroatische
Außenamt protestierte mit einem offiziellen Schreiben.«

Am 11. Februar 2019 hatte der EU-Parlamentspräsident, der Italiener Antonio Tajani, eine Rede in Basovizza, unweit der slowenischen Grenze, mit den Worten beendet: »Es lebe das italienische Istrien, es lebe das italienische Dalmatien!« Aber D'Annunzio und die Piraten blieben diesmal unerwähnt.[25]

D'Annunzios rechtes Auge war übrigens wegen eines Flugzeugunfalls erblindet – er trug jedoch keine Augenklappe.

Bei Matteo Guarnaccia findet sich aber ein Foto von D'Annunzio mit weißer Augenklappe und eines von Salvador Dalí »mit einer juwelengeschmückten Augenklappe eigener Kreation«[26]. Chacun á son gôut. So bedient sich eben ein jeder aus dem Piratenfundus.

# Der Mythos lebt

Senj in Dalmatien war das Zentrum der uskokischen Piraten, und Senj ist der Schauplatz eines bemerkenswerten Kinder- und Jugendbuches, dessen Heldin und Helden »Die rote Zora und ihre Bande« sind – so der Titel des 1941 in der Schweiz veröffentlichten, bald und bis heute sehr erfolgreichen Buches von Kurt Held (Pseudonym von Kurt Kläber). Zora ist die Anführerin einer Jugendbande von »Uskoken«, die sich erfolgreich gegen die Umtriebe und Verfolgungen durch die monopolkapitalistische bürgerliche Gesellschaft wehren (Kurt Kläber war in der kommunistischen Literaturbewegung der Weimarer Zeit aktiv und 1933 in die Schweiz geflohen; 1940 hatte er Senj besucht und dort die Vorbilder für seine Heldin und Helden gefunden). 1979 entstand eine 13-teilige Fernsehserie gleichen Titels und 2008 der Kinderfilm »Die Rote Zora« des deutschen Regisseurs Peter Kahane (mit Mario Adorf in der Rolle des Fischers Gorian). Kurt Helds Darstellung der jugendlichen Piratenbande teilt mit den historischen Piraten der piratophilen Literatur die Bewunderung für die Ordnung im Innern (Solidarität etc.) und die Rationalisierung der Kriminalität nach außen (Opfer der Gesellschaft! Piraterie als fortschrittliche, antiautoritäre, den Unterdrückungs- und Ausbeutungsinstanzen trotzende Kraft). Das kindlich-jugendlich Unbekümmerte, Freche, Aufmüpfige wurde zum Modell befreiten Lebens. Kurt Helds Buch war dann namengebend für die linksradikale feministische Gruppe »Die Rote Zora«, deren Aktionen laut Wikipedia »erheblichen Sachschaden anrichteten«.

Zentral wichtig war ihr die Solidarität unter Frauen, die sich auch »frech« und »selbstbewusst« organisieren müssten (Wikipedia). Frauen wurden »generell« aufgefordert, sich in »Banden«

zusammenzuschließen. »Die ›rote Zora und ihre Bande‹ – das ist die wilde Göre, die die Reichen bestiehlt, um's den Armen zu geben«, heißt es laut Wikipedia in einem 1984 in der Zeitschrift »Emma« veröffentlichten Interview mit Mitgliedern der Gruppe »Die Rote Zora«.

Mit Pasolini setzte sich ein halbes Jahrhundert nach D'Annunzio wieder ein italienischer Schriftsteller bewusst und programmatisch mit der Piratensymbolik auseinander: »Scritti corsari / Freibeuterschriften«, und der Wagenbach-Verlag nahm den (auch finanziellen) Erfolg dieser Texte zum Anlass, seine 1979 gegründete Zeitschrift unter dem Namen »Freibeuter« herauszugeben. Ob als Verlag, als Partei oder als Fußballklub (beim FC St. Pauli gibt es »Fahne Totenkopf 100 × 150 cm – schwarz« oder »FC St. Pauli – Damen Kapuzenpullover AntiFascist – schwarz« – man beachte das todschicke *sc* in ›Fascist‹ und das gutbürgerliche ›Damen‹): Man versucht offenbar, dem einschläfernden Narrativ der Oppositionellen und Subversiven durch ein wenig Piratenglamour aufzuhelfen.

Hamburg mit seinen schwarzgewandeten Schlägerbanden und autonomen Gebäuden ist in puncto Piratenvergangenheitsbewältigung bemerkenswert: Der ehrwürdigen Hansestadt soll es einst, unter anderem mit Hilfe Simon von Utrechts, gelungen sein, den Piraten Störtebeker und seine Leute gefangenzunehmen und hinzurichten, wie das Gesetz es befahl.

Aber die Stadt war Störtebeker nicht auf Dauer ernsthaft böse: Anfang des 18. Jahrhunderts schon widmete die Hamburger Schiffergesellschaft Klaus Störtebeker einen Silberpokal,[1] und sein Schicksal bot damals Stoff für eine Oper und weitere Schauspiele.[2]

Auf dem Grasbrook in der Hafen-City, der vermeintlichen Hinrichtungsstätte Störtebekers, steht seit längerem ein Störtebeker-Denkmal. Nun gibt es ein neues, *zweites* Störtebeker-Denkmal, vor dem Störtebeker-Haus im Stadtteil Hammerbrook, eine Säule, knapp 14 Meter (!) hoch. Das Denkmal Friedrichs des Großen in Berlin ist fast so hoch (13,5 Meter).

Dem Bezwinger Störtebekers, Simon von Utrecht, wurde 1897 ein Standbild an einem Brückensockel der Kersten-Miles-Brücke in Hamburg-Neustadt errichtet. Kein sehr prominenter Platz. Am 5. Juni 1985 wurde dieses Denkmal durch Vandalismus beschädigt: Die obere Hälfte der Statue wurde abgeschlagen. (nach *Wikipedia* ›Simon von Utrecht‹). Hinterlassene Botschaften wie »Wir kriegen alle Pfeffersäcke« und »Störtebeker lebt« deuteten auf den händlerfeindlichen und piratenfreundlichen Hintergrund der Täter hin.

Daneben waren Sprüche zu lesen wie »Die Piraterie hat eine große Zukunft« und »Bildet Banden«.[3] Banden zu bilden war ja auch ein Herzensanliegen der piratischen Feministinnen von der »Roten Zora« und ist es bis heute für Linksradikale.

Im folgenden Jahr forderte eine Gruppe auf Facebook »eine Umbenennung der Simon-von-Utrecht-Straße in Klaus-Störtebeker-Straße« mit der Begründung: »Als Likedeeler, Pirat und Feind der Reichen und Mächtigen steht Klaus Störtebeker dem Stadtteil St. Pauli weit näher als der Pfeffersack und Piratenjäger Simon von Utrecht.« Der Autor des Zeitungsartikels sah die Wurzeln dieser Initiative »ziemlich eindeutig im links-alternativen Milieu, einschließlich der Fanszene des FC St. Pauli«.[4]

*Cancel Culture* avant la lettre und perennierende Beschränktheit: Störtebeker war tatsächlich weder Likedeeler noch Feind der Reichen und Mächtigen – er war stets mit einem Teil von ihnen verbandelt. Roder zufolge »… entpuppte sich die Gleichsetzung von Vitalienbrüdern mit ›Likedeelern‹, also Gleichteilern, als frühsozialistische Genossenschaftsprojektion, denn eine die verschiedenen Piratenhaufen zusammenhaltende, gemeinsame Idee gab es nicht«. Roder erinnert daran, dass die Ursprünge der Vitalienbrüder »in antidänischer Kaperfahrt im Auftrag norddeutscher

Fürsten (lagen)«. Und ein großer Teil von ihnen, vor allem der Hauptleute, entstammte mecklenburgischen Adelsgeschlechtern.[5]

Wie zu erwarten, wird als Primärtugend des Störtebeker das Teilen genannt (auch wenn es sich dabei um Raubgut handelte, nicht um selbst Produziertes, selbst Erworbenes – was der Staatsknete-Klientel freilich als selbstverständlich gilt); die »Pfeffersäcke« – die Händler und Kaufleute – schafften wesentlich den Reichtum Hamburgs (der dann erst *gleich oder ungleich verteilt* werden konnte), sie stahlen und raubten ihn nicht.

Auch in der DDR erfreute sich Störtebeker eines guten Rufes; zu DDR-Zeiten schon fanden auf Rügen Störtebeker-Festspiele statt: 1959 bis 1961 und 1980 wie 1981 wurde die von Kurt Barthel (»Kuba« – einem der regimetreuesten Dichter der DDR) verfasste »Dramatische Ballade Klaus Störtebeker« aufgeführt, für die er 1959 (im Kollektiv) den Nationalpreis der DDR verliehen bekam.[6]

In Stralsund gibt es eine Störtebeker-Brauerei, die auch »Biermischgetränke« anbietet wie »Strand-Räuber Bio Sanddorn« oder »Strand-Räuber Bio Zitrone alkoholfrei«; im Sinne der Piraten wäre das wohl nicht gewesen, aber die heutige ideologische Dreieinigkeit aus abgreiferischem Spätsozialismus, Umweltideologie (»Bio«) und Gesundheitswahn (»alkoholfrei«) ist damit treffend zusammengefasst. Neuere Forschungen zu Störtebeker, den Vitalienbrüdern etc. dürften die gegenwärtigen Likedeeler und Bandenbilder allerdings enttäuschen. Auch in der unverdächtigen Presse – vom SPIEGEL über DIE ZEIT zum FAZ-Feuilleton – wurde über die Forschungen des Historikers Gregor Rohmann und seiner Mitarbeiter berichtet: »Störtebeker war ein wohlsituierter Danziger Bürger, der erst lange nach seinem Tod zum Piraten stilisiert wurde«, zitiert ihn die FAZ am 21. September 2019. Störtebeker war Rohmanns Interpretation zufolge »der Kapitän eines Handelsschiffes, der sich ein zusätzliches Geschäft als ›Security-Dienstleister und Inkasso-Unternehmer‹ aufbaute«

(ebd.). Nicht nur *eines* Handelsschiffes, »Störtebeker hatte zeitweise mehrere Handelsschiffe und transportierte damit Waren.« »Er verdingte sich aber auch als Auftragskämpfer«, berichtet Rohmann. »Störtebeker war ein Mensch seiner Zeit, kein Outlaw. In Danzig, wo er wohnte, war er ein wohlsituierter Bürger und ging vermutlich in der guten Gesellschaft unter den Kaufleuten am Artushof ein und aus.«[7]

Das sollten Gründe genug für die Einfaltspinsel vom Schwarzen Block sein, die beiden Hamburger Störtebeker-Denkmäler zu zerstören, zumindest aber angemessen zu vandalisieren.

Die Verachtung des Händlers und Kaufmanns (»Pfeffersäcke«) ist, wie bereits weiter oben mit Blick auf die homerische Zeit erwähnt, historisch sehr alt. Sie ist die Kehrseite der Verehrung der heroischen Piraten und ihrer Raubzüge.

Zum Thema »Helden und Händler« bei Homer schreibt De Souza: »… (E)s lässt sich nicht leugnen, dass die gewaltsame Aneignung von Beute den meisten der damit Beschäftigten Prestige und Status bringt. Das wird implizit dem Handel gegenübergestellt, eine Tätigkeit, wozu ebenfalls der Erwerb von Reichtum durch Seefahrten gehört, die aber eine für einen Helden unpassende Tätigkeit darstellt.« Zwar ist Piraterie aus der Sicht der Opfer etwas Böses, gewährt aber deren heroischen Praktikern hohen Status und Prestige, »vor allem infolge der damit verbundenen Kämpfe und der dadurch erlangten Beute. Kriegführung und Piraterie sind bei Homer praktisch ununterscheidbar. Die Bestandteile Gewalt und Beute sind bei beiden gleichermaßen wichtig, und die Methoden der Kriegführung und der Piraterie sind wesentlich die gleichen.«[8]

Abulafia erwähnt in diesem Zusammenhang »die kanaanitischen Händler des Libanon, die den Griechen als *Phoinikes*, ›Phönizier‹, bekannt waren und Homer wegen ihrer Liebe zum Geschäft und zum Profit zuwider. So beginnt die lange Geschichte der Verachtung für die im >Handel< Tätigen.«[9] Ormerod weist darauf hin, dass etwa für Aristoteles oder Thukydides Krieg und Piraterie auf tribaler Basis eine Form der Erwerbstätigkeit sind und Diebstahl nur innerhalb der Gemeinschaft verboten ist.[10]

Die auf Landbesitz beruhende Agrarwirtschaft des Mittelalters sah Wirtschaftstätigkeit als Nullsummenspiel, und diese Auffassung wurde verstärkt von einer christlichen Wirtschaftsideologie: »Die christliche Einstellung gegenüber dem Handel ( ... ) ging davon aus, dass Geld ein Übel sei, dass dem Heiligen Augustin zufolge >Das Geschäftsleben an sich ein Übel ist<, dass Profit über das Minimum hinaus, das notwendig war, um den Händler zu ernähren, Habgier sei ( ... ) dass kurzum das Diktum des Heiligen Hieronymus endgültig war: >Ein Mensch, der ein Kaufmann ist, kann selten, wenn überhaupt jemals, Gott gefallen.<«[11] Nie und nimmer aber wird er einem gesinnungsfesten Linken und Piratophilen gefallen.

In seinem 1915 erschienenen »Händler und Helden. Patriotische Besinnungen« stellt Werner Sombart die Engländer den Deutschen gegenüber, wobei die Engländer mit ihrem seelenlosen Kommerzialismus und Komfortdenken ein »Händlervolk« darstellen, das dem antisemitischen Klischee erstaunlich nahekommt, denn so heißt es zarathustrisch: »ohne Gefahr verkümmert und verflacht der Mensch und erfindet das Glück.« Die Deutschen aber sind ein Volk der Helden, Ideen und Ideale. Diese Einstellung fand ihre aggressivste Form im Antisemitismus und überlebt bis heute in zahlreichen Varianten des Vulgärsozialismus und -konservatismus.

Wie die Sympathie mit dem Tode wird diese Verachtung des Händlers und die Verehrung des heroischen Raubes und Totschlags unter den Bedingungen der Moderne zu einem zuverlässigen Kriterium für den Links- wie Rechtsfaschismus.

Mit dem Handel und dem Staat werden von den Piratophilen

zwei der wichtigsten Triebfedern des Prozesses der Zivilisation (von Frieden, Gewaltlosigkeit und Wohlstand) verächtlich gemacht. In seinem umfangreichen und wichtigen Buch »Gewalt. Eine neue Geschichte der Menschheit« (2011) hat Steven Pinker den Rückgang der Gewalttätigkeit in der Geschichte nachgezeichnet. Zu den wichtigsten Faktoren dieser Zivilisierung gehören der Handel: *le doux commerce*, und der sein Gewaltmonopol durchsetzende und verteidigende Staat. Ein Rückblick auf die Geschichte der Piraterie bestätigt das.

Für den Zusammenhang zwischen freiem Handel und größerem Frieden gibt es Pinker zufolge in der Geschichte viele Beispiele, etwa das 18. Jahrhundert, das im Zuge einer gewissen Befriedung ein Florieren des Handels erlebte[12] – aber eben auch ein drastisches Abflauen der Piraterie. Pinker schreibt, er habe den Verdacht, dass unter Wissenschaftlern und Forschern der *doux commerce* »einfach keine sexy Idee« sei. »Die kulturellen und intellektuellen Eliten haben sich den Geschäftsleuten immer überlegen gefühlt, und es kommt ihnen nicht in den Sinn, bloßen Händlern das Verdienst an etwas so Noblem wie Frieden zuzusprechen«, oder Frieden überhaupt für etwas Vortreffliches und Erstrebenswertes zu halten – siehe Nietzsche, Sombart und tutti quanti.Mit dieser Geringschätzung und Verachtung von Kaufmann und Händler geht bei den kulturellen und intellektuellen Eliten, so darf man hinzufügen, oft die Hochachtung und Wertschätzung der Räuber, Diebe und Mörder einher, solange sie nur wie die Piraten ausreichend pittoresk und antibourgeois auftreten – Andreas Baader und Burkhard Driesch fallen mir ad hoc dazu ein. Wie gesagt, der Hang zum kriminellen Küchenpersonal. Ich vermute, dass Sloterdijk ähnliches meint, wenn er vom »kriminalromantischen Begehren« spricht.

Rückblickend erklärt Pinker gegen Ende seines Buches: »Die zuverlässigste Instanz zur Gewaltverminderung (...) ist wahr-

scheinlich ein Staat, der seine Bürger mit Hilfe seines Gewalt-
monopols voreinander schützt.«[13] Und auf der letzten Seite fügt
er hinzu: »Ein Überblick über die Geschichte der Gewalt lässt
einen immer wieder erstaunen über die Grausamkeit und die Ver-
geudung von allem, und zuweilen ist man überwältigt von Zorn,
Ekel und unermesslicher Traurigkeit.«

So kann es einem auch beim Studium der Geschichte der Piraterie ergehen. Kris Lane berichtet davon gelassener und heiterer
in seiner Abhandlung über die globale Piraterie in der Frühen
Neuzeit: Der Leser könnte wohl den Eindruck gewinnen, dass
er »auf der Seite der Leute stehe, die zusammengeschlagen und
beraubt wurden oder derjenigen, die seekrank wurden und ertran-
ken«. Sein Verhältnis zu den Piraten jener Zeit sei etwa das des
Vegetariers zum Metzgerladen, »eine unbehagliche Kombination
von Faszination und Abscheu«.[14]

# Postskriptum

Ich habe nicht vor, den grassierenden Fanatismen der Tugend einen weiteren hinzuzufügen. Auch künftig dürfen Piratenkostüme auf Faschingsbällen und Kindergeburtstagen getragen werden, dürfen Kinder und Erwachsene Pirat spielen, Piratenfilme schauen, Piratenvideospiele spielen und Piratenbücher lesen. Meinen Segen haben sie. Die Kinder werden erwachsen und lernen den Unterschied zwischen Fiktion und Wirklichkeit kennen, die Erwachsenen erinnern sich daran und wissen zwischen Populärkultur, Utopien und Wunschträumen einerseits und der Wirklichkeit andererseits zu unterscheiden. Meistens jedenfalls. Es wäre sicher ein Fortschritt, wenn sich diese Einsicht auch in der Geschichtsschreibung und der Literatur zur Piraterie wieder allgemein durchsetzte.

# Anmerkungen

## Vorwort

[1] Siehe dazu Hans Georg Deggau, »Neue Ordnungen der Gleichheit?«, in: TUMULT, Vierteljahresschrift für Konsensstörung, Winter 2019/20, S. 42–46.

[2] Angelika Krebs, »Gleichheit und Gerechtigkeit. Die Kritik am Egalitarismus«, in: Argument & Analyse – Sektionsvorträge des 4. Internationalen Kongresses der Gesellschaft für Analytische Philosophie. Bielefeld, September 2000, S 563–575. Und Angelika Krebs (Hg.), Gleichheit und Gerechtigkeit. Texte der neuen Egalitarismuskritik. Frankfurt. a. M. 2000.

## Piraterie in der antiken Welt

[1] David Abulafia: The Great Sea. A Human History of the Mediterranean. London 2012, S. xxx.

[2] Philip de Souza: Piracy in the Graeco-Roman World. Cambridge 1999, S. 1, und Henry A. Ormerod: Piracy in the Ancient World. An Essay in Mediterranean History. Liverpool 1924, S. 31.

[3] Zit. nach Steven Pinker: Gewalt. Eine neue Geschichte der Menschheit. Frankfurt a. M. 2011, S. 28.

[4] Ormerod, S. 14.

[5] Michael Kempe: Fluch der Weltmeere. Piraterie, Völkerrecht und internationale Beziehungen 1500–1900. Frankfurt/New York 2010, S. 42.

[6] Zit. nach Daniel Heller-Roazen: Der Feind aller. Der Pirat und das Recht. Frankfurt 2009, S. 42 f.

[7] John Kleinen and Manon Osseweijer (eds.): Pirates, Ports, and Coasts in Asia. Historical and Contemporary Perspectives. Singapore/Leiden 2010, S. 7 und 275.

[8] Nach Ormerod, S. 31 und 38 f.

[9] Nach Heller-Roazen, S. 63 f.

[10] Salvatore Bono: Piraten und Korsaren im Mittelmeer. Stuttgart 2009, S. 19, 24, 214. S. 218 heißt es: »Fast die gesamte europäische Mittelmeerküste war mit Türmen zur Abwehr der Korsaren versehen«, s. besonders das Kapitel »Überfälle auf europäische Küsten«, S. 184–200.

11  David Mitchell: Pirates. London 1976, S. 26.

12  Mitchell, S. 28. »A furore normanorum libera nos, Domine.« Abulafia
    weist in seinem The Boundless Sea. A Human History of the Oceans. o. O.
    2020, S. 362 darauf hin, dass: »The term *vikingr* was used in Scandinavia
    to mean a pirate; these people went *i viking*, that is, raiding across the sea,
    and were celebrated for doing so on the runestones that commemorated
    their life.

13  Anna Franchi: Storia della pirateria nel mondo. Milano 1952, S. 251. Vgl.
    Thomas K. Heebøll-Holm: Forts, Piracy and Maritime Warfare. Piracy in
    the English Channel and the Atlantic, c. 1280–1330. Leiden/Boston 2013,
    S. 1: »Piracy was an endemic problem of the waters of northern Europe in
    the Middle Ages.« So auch Abulafia, Oceans, S. 437, 438, 442.

14  Robert Bohn: Die Piraten. München 2007, S. 30.

15  Mitchell, S. 64 und 65.

16  »… das Phänomen der Piraterie findet man überall auf der Welt und zu
    allen Zeiten, mal aktiver, ( … ) mal schwächer.« So Anna Franchi, S. 177.
    S. dort auch S. 19.

17  Kempe, Fluch, S. 13.

18  Marcus Rediker: Villains of All Nations. Atlantic Pirates in the Golden
    Age. Boston 2004, S. 222, 175, 5 f.

19  Bohn, Die Piraten, S. 102.

20  Angus Konstam: Piracy. The Complete History. Oxford 2008, S. 248,
    311; s. dort das Kapitel 11, Pirates in Fiction, und S. 317–319; dazu auch
    Michael Kempe, Piraten. Freiburg 2009, Kapitel 6: Der Pirat als Popstar.
    »The Successful Pyrate« war damals schon dafür kritisiert worden, den
    »Piraten Henry Every zu verherrlichen«. (Oder sollte man besser sagen:
    war damals *noch* dafür kritisiert worden, … ) Nach *Wikipedia*, ›Charles
    Johnson (Writer)‹.

21  Konstam, S. 153, 7.

22  Alison Lurie: ›Who Is Peter Pan?‹, NYRB, April 5, 2012.

23  *Wikipedia*, »Störtebeker-Festspiele«.

24  Bohn, Die Piraten, S. 7, 6; dieses schmale Bändchen und Kempes »Pira-
    ten« bieten knapp und gut lesbar die Grundkenntnisse für den interes-
    sierten Laien.

25  Konstam, S. 311 f.

# Die Piraterie in der Geschichtsschreibung –
## von der Antike bis ins 20. Jahrhundert

1 Nach de Souza, Piracy, S.73, s. auch S. 73 bis 76, zu Strabo s. ebd. S. 200–204.

2 De Souza, Piracy, S. 12.

3 Siehe dazu Kempe, Fluch. 4.1 *Der Seeräuber als >hostis humani generis<* und 4.2 *Piratenstrafrecht, universale Jurisdiktion und Interventionsrecht*, sowie Daniel Heller-Roazen, *Der Feind aller. Der Pirat und das Recht*.

4 Siehe dazu Ormerod, S. 67–72, 80 f., 96. »Die frühesten Bemühungen, das ägäische Meer von Piraten zu säubern, wurden griechischer Überlieferung zufolge von den Herrschern des ersten Staates unternommen, der eine gewisse Stufe der Zivilisation erreicht hatte« – des minoischen Kretas.

5 »Pirates and Politics in the Roman World«, in Volker Grieb und Sabine Todt (Hgg.): Piraterie von der Antike bis zur Gegenwart. Stuttgart 2012, S. 71 und 73.

6 Deutsche Übersetzung 1728: Schauplatz Der Englischen See-Räuber. Die beste Einführung in das Werk bietet Devin Leigh, »Review of A General History of the Pyrates by Captain Charles Johnson« in The Zamani Reader. On West Africa Britain, and the West Indies in the Eighteenth Century. Febr. 23, 20015. Zur Autorschaft s. Arne Bialuschewski: »Daniel Defoe, Nathaniel Mist, and the >General History of the Pyrates<« auf www.J.Stor.org/stable/ 24295828. (March 2004) Danach gibt es keinerlei urkundliche Belege (»no shred of documentary evidence«) für Defoes Autorschaft. Dass der Matthes & Seitz Verlag im Jahre des Herrn 2015 Teile des Werks unter dem Autorennamen Daniel Defoe verkauft, ist zumindest fragwürdig.

7 Devin Leigh: »Review of A General History of the Pyrates by Captain Charles Johnson«, in: The Zamani Reader Febr. 23, 2015, S. 8.

8 Edward Theophilus Fox: Piratical Schemes and Contracts. Pirate Articles and their Society, 1660–1730. Diss. Univ. of Exeter 2013, S. 19.

9 Hartmut Roder: Piraten – Abenteuer oder Bedrohung? Bremen 2002, S. 6 u. a.

10 Hrsg. von Herbert Kraft und Mirjam Springer, Frankfurt a. M. 2004. Dem konnte die Volksbühne Berlin nicht widerstehen und inszenierte Schillers »Seestücke« 2009 dem genius loci folgend. »Eine Inszenierungs-Havarie«, meint Peter Hans Göpfert in der Berliner Morgenpost vom 27.11.2009.

11 Archenholz S. 33, 478, 33, 38, 43, 75.

[12] »Die geraffte Darstellung versucht am Ende, ein historisches Verständnis der Flibustier-Bewegung zu begründen, das mit aufwertender Tendenz den heroischen Freiheitsdrang nach außen und die strenge Gesetzlichkeit nach innen hervorhebt.« Kraft/Springer, S. 943. Eine Auswahl aus der »Geschichte beider Indien« wurde 1988 in Die Andere Bibliothek veröffentlicht.

[13] Ebd., S. 65–68.

[14] Michael Kempe: »Das Fortschreiben einer Legende. Zum Mythos der Historiker vom Piraten als Freiheitsrebell und Sozialbandit«. www.exc16. uni-konstanz.de/piraten-legende.html. Zuerst in der NZZ vom 29.6.2009.

[15] Mitchell, S. 10.

[16] Hartmut Roder, Piraten, S. 6. Einen guten Überblick bieten Fox, S. 19–37, »Modern Historiography«, und C. R. Pennell: Bandits at Sea. A Pirates Reader, New York 2001, Introduction: »Brought to Book: Reading about Pirates«, S. 3–24.

[17] Primitive Rebels, 1959 (dt. Sozialrebellen) und Bandits, 1969 (dt. Die Banditen). Diese Texte hatten ja zunächst eine Welle von Untersuchungen zu Räuberbanden und Banditen ausgelöst. Interessant dazu das knappe Nachwort von Uwe Danker in seinem »Die Geschichte der Räuber und Gauner«, Düsseldorf und Zürich 2001.

[18] The William and Mary Quarterly, Third Series, 38 (1981), 203–227.

[19] Rediker. Between the Devil, S. 73 und 100 f.; Outlaws, S. 11.

[20] »The Collected Essays of Christopher Hill«, vol. 3. Brighton 1986, S. 161–187. s. auch den Artikel »Pirates« in Hills »Liberty Against the Law«, 1996.

[21] Eric Hobsbawm: Die Banditen. Räuber als Sozialrebellen. München 2007, S. 158, 195. Zur Rolle Lord Byrons bei der Propaganda für die griechischen Piraten seiner Zeit siehe Mitchell, S. 159: »The Greek corsairs took full advantage of the fact that public opinion in Europe, thanks partly to the propaganda of Lord Byron and other romantic liberals, had been persuaded to regard them as champions of democracy, classical culture and Christian civilization oppressed by reactionary and barbaric Turcs.«

[22] Ebd., S. 6.

[23] Fox, S. 23.

[24] Nicholas K. Rauh: Merchants, Sailors & Pirates in the Roman World. Charleston, SC 2003, S. 7 und 10.

[25] Fox, S. 22.

[26] »Black People under the Black Flag...« in Slavery and Abolition 29 (2008). Siehe auch Patrick Pringle, Jolly Roger. The Story of the Great

Age of Piracy. New York 1953. Crystal Williams, »Nascent Socialists or Resourceful Criminals?« in: Paul A. Gilje and William Pencak (eds.): Pirates, Jack Tar, and Memory, 2007, 31–50. Peter T. Leeson, The Invisible Hook: The Hidden Economics of Pirates. Princeton & Oxford 2009, Daniel Vickers et alii: »Roundtable: Reviews of Marcus Rediker etc.«, International Journal of Maritime History, I (1989), 311–357. Am eindringlichsten ist die sorgfältige Kritik von E. Th. Fox, die auch darüber hinaus unbedingt informativ und lesenswert ist – eines der besten Werke zum Thema Piraterie!)

27 Fox, S. 36.

28 Kenneth J. Kinkor: »Flibustiers noirs«, in Michel Le Bris (Hg.): L'aventure de la flibuste. Actes du colloque de Brest (3–4 mai 2001). Paris 2002, S. 98, 99, 112.

29 Rediker, Villains, S. 175.

30 Gilles Martin (Hg.): Bastions Pirates. Une histoire libertaire de la piraterie. Brüssel 2005, S. 55. *Wikipedia* bietet eine ausführliche Biographie Jean Laffites.

31 Deutsch: *Unter dem Jolly Roger*: Piraten im Goldenen Zeitalter. Berlin 2011. Hier eine kurze Blütenlese aus den in der englischsprachigen Ausgabe aufgeführten kritischen Bewertungen des Buchs: »I recommend this book to those who identify with pirates and seek a well-reasoned analysis of their legacy.« – »The book reclaims the dignity of piracy... « – »It can and should be argued that piracy was not a treacherous and barbaric act committed by thugs and scavengers. ( ... ) Rather it should be recognized as an act of dissidence against the greater monster of imperial barbarism that merchant fleets exported to distant shores.« – »the work speaks to our need for inspiration as well as intellectual edification.«

32 Michel Foucault, Die Heterotopien / Der utopische Körper. Frankfurt a. M. 2004, S. 21.

33 Peter Sloterdijk: Im Weltinnenraum des Kapitals. Für eine philosophische Theorie der Globalisierung. Frankfurt a. M. 2005, S. 17.

34 Ebd. S. 182. Sloterdijk weist dann auf Schiller und seine einschlägigen dramatischen Entwürfe hin.

35 So Helge Meves in Daniel Defoe: Libertalia. Die utopische Piratenrepublik. Herausgegeben und eingeleitet von Helge Meves. Berlin 2015, S. 169 f.

36 Zit. nach Eugen Pfister: fiar 2018. Über Piraten-Computerspiele.

37 Frank Bardelle: Freibeuter in der Karibischen See. Zur Entstehung und gesellschaftlichen Transformation einer historischen »Randbewegung«. Münster 1986, S. 143, Anm. 84.

[38] GWU Bd. 49, Heft 11.

[39] Das habe schon 1972 Anton Blok zur Grundlage seiner Kritik gemacht. »Der von Hobsbawm beschriebene Sozialbandit sei ein Konstrukt, ein Stereotyp, eine Erfindung. Als ein solches Konstrukt sei der Sozialbandit aber psychologisch Realität, da er fundamentale Bestrebungen oder Sehnsüchte von Menschen repräsentiere.« Siehe dazu auch Uwe Danker: Die Geschichte der Räuber und Gauner. Düsseldorf und Zürich 2001, S. 31–33, 172–79.

[40] Roder, Piraten, S. 6, s. auch ders.: Piraten oder Verbrecher auf See. Bremen 2010, S. 5, und Martin Parker: ›Pirates and the uses of history‹, 2010, www.ephemerajournal.org/contribution/pirates-and-uses-history)

[41] Andreas Blauert, Gerd Schwerhoff (Hgg.): Kriminalitätsgeschichte. Beiträge zur Sozial- und Kulturgeschichte der Vormoderne. Konstanz 2000, S. 846. Ähnlich Gilles Martin, Herausgeber von Bastions Pirates. Une histoire libertaire de la piraterie: »Aber natürlich ist es schwierig, zwischen Realität und Wunschvorstellungen zu unterscheiden. Und das gilt umso mehr, sobald am Horizont die schwarze Fahne der piratischen Utopie auftaucht.«

## Die Piraten als Dionysiker:
## Hogarths »Gin Lane« in den Tropen

[1] Mitchell, S. 28.

[2] Ebenda, S. 84.

[3] So Frank Sherry, Autor von Raiders & Rebels: The Golden Age of Piracy, zit. bei Kuhn, S. 141 f. Seltsamerweise teilte das utopische Nassau die Eigenart, eher durch seinen Gestank als durch sein optisches Erscheinungsbild wahrgenommen zu werden, mit zwei der schlimmsten Orte der Unfreiheit in der damaligen Zeit: den Galeeren und den Schiffen für den Sklaventransport.

[4] Exquemelin, S. 134.

[5] Robert J. Antony in Kleinen/Osseweijer, S. 31–49. Zitat S. 44 f.

[6] Siehe Gabriel Kuhn, Life Under the Jolly Roger, v. a. S. 136–147.

# Piraten und Frauen

[1] Fox, S. 223.

[2] Kuhn, S. 72 und 73.

[3] Kuhn, S. 71 und 73.

[4] Nach Stephen Snelders: The Devil's Anarchy. New York 2005, S. 42.

[5] Zit. nach Kuhn, S. 73.

[6] Hill, »Pirates«, in Liberty against the Law, S. 120.

[7] Hill l.c., S. 121; Rediker, Villains, S. 74.

[8] Peter Lamborn Wilson: Pirate Utopias. Moorish Corsairs & European Renegadoes. New York 2003, S. 133 f.

[9] Nach Giles Milton: Weißes Gold. Die außergewöhnliche Geschichte von Thomas Pellow und das Schicksal weißer Sklaven in Afrika. Stuttgart 2010, S. 171.

[10] Exquemelin, S. 238, s. auch S. 158.

[11] Marx in Le Bris, S. 262; Buchet in Le Bris, S. 284.

[12] Bohn, Die Piraten, S. 48 f.

[13] Bohn, a. a. O., S. 74 f.

[14] Bohn, S. 76 f. Zur Gang-i-Sawaii heißt es bei Konstam, S. 257: Die Piraten »folterten die Passagiere und die Crew, um mehr Beute zu finden. Die weiblichen Passagiere töteten sich, um einem schlimmeren Schicksal zu entgehen, oder sie wurden auf die *Fancy* weitergereicht, wo die Crew sich ihrer mitleidlos bediente. Nach mehrtägigen Vergewaltigungen, Plünderungen, Foltern und Totschlag setzten die Piraten ihre Fahrt fort ...« S. dazu auch Arne Bialuschewski: Piratenleben. Die abenteuerlichen Fahrten des Seeräubers Richard Sievers. Frankfurt/New York 1997, S. 47–49, und Pringle, S. 142 f.

[15] Nach Kuhn, S. 73.

[16] Rediker, Villains, S. 176.

[17] Zitiert bei Blauert, S. 846.

[18] Rediker, Villains, S. 75; vgl. S. 138: »Ein Sklavenhändler bezeugte, dass die Piraten, als sie sich seines Schiffes bemächtigten, sich mit den Sklavinnen ›vergnügten‹, aber auch all den Sklaven, die er an Bord hatte, ihre Ketten abnahmen.«

[19] Pennell, S. 5.

[20] In Libertalia, S. 104 und 105.

[21] S. Fox, Table 5. Crimes and Punishments, S. 283.

[22] Fox, S. 282, s. generell das Kapitel 4.5 Women, Boys, and Sex. »Selbst bei

den Crews, deren Articles ausdrücklich die Misshandlung von Frauen verboten, waren Vergewaltigungen keineswegs selten.« S. 220.

[23] Libertalia, S. 100, 94. Fox spricht von »der Furcht der Piraten vor den Un-einigkeit stiftenden Folgen der Anwesenheit von Frauen an Bord«, und Snelders schreibt: »Frauen waren im allgemeinen auf den Schiffen nicht willkommen, aus Furcht, dass sie Zwietracht unter den Männern stiften würden.« Fox, S. 228. Snelders, S. 203.

[24] Nach Mitchell, S. 173.

## Piraten und Sklaven

[1] Hill, Liberty Against the Law, S. 115 und 118.

[2] »In historischer Zeit waren Piraterie und Krieg die Hauptquellen für Sklaven in Griechenland; erstere kontinuierlich, letztere nur diskontinu-ierlich.« Ormerod, S. 71.

[3] Egon Flaig: Weltgeschichte der Sklaverei. München 2009, S. 38 und 59.

[4] Ormerod, S. 207.

[5] Derks, S. 62.

[6] Heller-Roazen, S. 28.

[7] Cordingly, zit. nach Kuhn, S. 70.

[8] Bohn, S. 28; s. auch Anne Pérotin-Dumon, in: Pennell, S. 34.

[9] Bohn, S. 52.

[10] Mitchell, S. 61.

[11] Arne Bialuschewski: »Black People under the Black Flag. Piracy and the Slave Trade on the West Coast of Africa, 1718–1723«, in: Slavery and Abo-lition, Vol. 29, No. 4, December 2008, S. 469; s. auch Mitchell, S. 14.

[12] Kuhn, Kapitel 3.4 A Colorful Atlantic? Piracy and Race, S. 64–71. Exque-melin, S. 102.

[13] Exquemelin, S. 122 und 215 f.; s. auch Pringle, S. 74.

## Piraten als Sklavenhalter

[1] Bialuschewski, Piratenleben, S. 41 und 66.

[2] Bohn, S. 116. Robert C. Ritchie: Captain Kidd and the War against the Pirates, Cambridge, Mass. 1986, S. 66, Anm. 1.

[3] Ritchie, S. 110.

[4] Snelders, S. 202 f.

[5] In Pennell, S. 93.

[6] www.nationalarchives.gov.uk/pathways/blackhistory/work_community/ high_seas.htm

[7] Rodger, S. 159. »To anyone bred on the plantation, this must have been a refreshing world of relative equality.« (a. a. O., S. 161).

[8] Rodger, S. 272.

[9] Bohn, Die Piraten, S. 74, 76.

[10] Kempe, Piraten, S. 77 f.

[11] Kempe, Piraten, S. 94 f.

[12] Rediker, Villains, S. 42.

[13] A. a. O., S. 12. Rediker redet wiederholt von einer Ausrottungspolitik des englischen Staates gegenüber den Piraten, als ginge es um einen Genozid und nicht um Verbrechensbekämpfung.

[14] Kuhn, S. 67.

## Die Barbareskenstaaten

[1] S. 48.

[2] David Brion Davis: »The Universal Attractions of Slavery«, NYRB December 17, 2019.

[3] Courtinat, S. 127 und 131.

[4] Robert C. Davis: Esclaves Chrétiens, Maitres Musulmans. L'esclavage blanc en Mèditerranée (1500–1800). O. O. 2006, S. 173. Das Buch von Davis ist unverzichtbar sowohl als Dokumentation des Ausmaßes und der Art der Sklaverei in den Barbareskenstaaten wie auch als sorgfältige Dementierung ihrer bereits mit der Aufklärung einsetzenden Apologetik (s. etwa S. 212–218). Im 20. Jahrhundert hat sich vor allem Fernand Braudel bei der Minimierung und Leugnung der nordafrikanischen Piraterie und Sklaverei im fraglichen Zeitraum hervorgetan, was offenbar sehr einflussreich war. Siehe dazu Davis, S. 24 f., und die Anmerkungen 9. und 10., S. 347 f.

[5] Flaig, S. 89 f.

[6] Bono, S. 38.

[7] Kempe, Fluch, S. 268; ebenso Stephen Clissold: The Barbary Slaves. Lanham 1977, S. 5.

[8] Giuseppe Bonaffini: Un mare di paura. Il Mediterraneo in età moderna. Caltanisetta-Roma 1997, S. 128.

[9] Bono, S. 248. Neben Robert C. Davis' Esclaves Chrétiens, Maitres Musulmans ist auch Stephen Clissolds The Barbary Slaves ein wichtiges Werk zu diesem Thema. (Siehe auch den ersten Teil von Linda Colleys Captives.)

Unbedingt lesen sollte man Giles Milton, Weißes Gold. Die außergewöhnliche Geschichte von Thomas Pellow und das Schicksal weißer Sklaven in Nordafrika. Stuttgart 2010.

10  Kempe, Fluch, S. 249.
11  James Kraska: Contemporary Maritime Piracy. International Law, Strategy, and Diplomacy at Sea. Oxford 2011, S. 26.
12  Bonaffini, S. 13 f., 12, 19. Bonc, S. 196 f.
13  Davis, S. 43, s. generell Giles Miltons Weißes Gold; Zahlen zum Gulag nach *Wikipedia*.
14  Clissold, S. 4; s. dazu auch Davis, S. 216 f.
15  Flaig, S. 207 und 200.
16  Bono, S. 247.
17  Colley, S. 69.
18  Kempe, Fluch, S. 262; s. aber S. 263, wo Kempe derartigen Interpretationen gegenüber eine gewisse Reserve erkennen lässt: »scheinen sie zuweilen als etwas zu ›harmonisierend‹.«

## Piratische Raubzüge als Mittel der Umverteilung?

1   Ritchie, S. 101.
2   Ormerod, S. 71 f.
3   Rediker, Devil, S. 280.
4   *Wikipedia*, ›Wydah (Schiff).
5   Nach Defoe, Libertalia, S. 104.
6   Danker, S. 169.
7   Kuhn, S. 96 und 112.
8   Snelders, S. 205.
9   Snelders, S. 88.
10  Defoe, Libertalia, Kommentar und Anmerkungen, S. 191 f., Anm. zu S. 17.
11  Eigel Wiese: Piraterie. Neue Dimensionen eines alten Phänomens. Hamburg 2010, S. 153.
12  Ebd.
13  Konstam, S. 165.
14  General History, S. 113.
15  General History, S. 177 f.
16  Exquemelin, S. 161 f. und 193.
17  William Dampier: Freibeuter 1683–1691. Das abenteuerliche Tagebuch eines Weltumseglers und Piraten. Neu herausgegeben und bearbeitet von Hans Walz. Tübingen und Basel 1970, S. 71.

[18] Bonaffini, S. 169.

[19] Colley, S. 54. Siehe dazu auch die großartige Geschichte eines dieser Engländer in Giles Miltons »Weißes Gold«!

[20] Antony in Kleinen / Osseweijer, S. 103.

[21] Heiner Treinen (der sich auf Exquemelin beruft): »Parasitäre Anarchie. Die karibische Piraterie im 17. Jahrhundert«, in: Kölner Zeitschrift für Soziologie und Sozialpsychologie, Jg. 33, 1981, S. 87. Bei Matteo Guarnaccia: Pirates, Culture and Style. From the 15th Century to the Present. Berkeley 2016 heißt es S. 132: »Included in the buccaneers' code of conduct was social assistance for wounded sailors – something that was never even considered by the owners of regular ships.« Woodard schreibt S. 2: »At a time when ordinary sailors received no social protections of any kind, the Bahamian pirates provided disability benefits for their crews.«

[22] Rediker, Villains, S. 26 f.

[23] Fox, S. 192.

[24] Pringle, S. 272, 110, s. auch S. 120.

[25] Rodger, S. 110, 111 f., 117.

[26] Siehe www.admiraltylawguide.com/documents/oleron.html, v. a. Artikel VII. Vielleicht war es aber auch ihr Sohn Richard Löwenherz – jedenfalls setzt die sprachgeschichtliche Analyse die Entstehungszeit dieser Gesetze um 1200 an. Vgl. Heeboll-Holm, Chapter Five, S. 130 ff.

[27] Bromley, S. 312.

[28] Bono, S. 255 f. Siehe auch das vierte Kapitel – Krankheiten, Unfälle und medizinische Betreuung an Bord – in Eberhard Schmitt (Hg.): Indienfahrer 2. Seeleute und Leben an Bord im Ersten Kolonialzeitalter (15. bis 18. Jahrhundert). Wiesbaden 2008.

[29] Rediker, Villains, S. 176

[30] Buchet in Le Bris, S. 284.

[31] Exquemelin, S. 195 f.

[32] Bohn, S. 40, 111, 47.

[33] Mitchell, S. 65.

[34] Bohn, S. 48 f., 53, 54.

[35] Konstam, S. 216 f., 216, 217, 213, 240, 241.

[36] Burg, in Pennell, S. 227 f.

[37] Fox, S. 287.

[38] Snelders, S. 110 f.

[39] Burg in Pennell, S. 232.

[40] Ebenda, S. 233.

[41] Pringle, S. 50.

42 Rediker, Villains, S. 83.
43 l. c., S. 14 f.
44 Pringle, S. 78 f., 80, 92, 80.
45 General History, S. 270. Siehe auch Colin Woodard: The Republic of Pirates. Being the True and Surprising Story of the Caribbean Pirates and the
   Man Who Brought Them Down. Orlando 2008, S. 322: »In the end his
   (Captain England's) men deposed him for refusing to allow them to harm
   their captives, marooning him on one of the islands of Mauritius ... «

## Bürger, Adlige, Könige als Geschäftspartner der Piraten

1 »A pirate ship was a sea-going stock company.« Pringle, S. 106.
2 Bohn, S. 90, s. generell dazu das Kapitel VI. Profiteure, Handlanger und
   Maritime Outlaws; s. auch Kempe, Piraten, Kapitel 5. Seeräuberei als Teil
   des Welthandels.
3 Ritchie, S. 19.
4 Bardelle, S. 70, s. auch Mitchell, S. 46 und 48, und Ritchie, S. 12–14.
5 Mitchell, S. 11.
6 Mitchell, S. 11; s. auch Pringle, S. 24 f.
7 Selzer in Grieb / Todt, S. 126.
8 Ritchie, S. 17, 17 f.
9 Mitchell, S. 46.
10 Bohn, S. 27.
11 Pfister in Andreas Obenaus, Eugen Pfister, Birgit Tremml (Hgg.): Schrecken der Händler und Herrscher. Piratengemeinschaften in der Geschichte. Wien 2012, S. 185. »... Piraterie – oder Kaperei – vereinigte
   Menschen vieler Stände in einem gemeinsamen Unternehmen, das den
   Reiz des Plünderns mit Patriotismus verband. Jeder, der ein paar Schil-
   linge erübrigen konnte, investierte sie in ein solches Projekt.« Mitchell,
   S. 52.
12 Kempe, Piraten, S. 89 und 91, ders., Fluch, S. 205.
13 Carl. E. Swanson: »Privateering in Early America« in International Journal of Maritime History, Vol. 1, No. 2, December 1989, S. 254.
14 So von Bohn, S. 61–68, und Ritchies »Captain Kidd etc.«
15 Wiese, S. 35.
16 Ritchie, S. 18 und 38.
17 Pringle, S. 171; Bohn, S. 92.
18 Mitchell, S. 167 und 16.

[19] Mitchell, S. 160.

[20] Bohn, S. 70. Zur Eroberung und Plünderung Cartagenas s. *Wikipedia* »Raid on Cartagena (1697)«.

[21] Pringle, S. 175 f., gegenüber S. 161; vgl. Mitchell, S. 102.

[22] Bardelle, S. 24.

[23] Exquemelin, S. 192 f.

[24] Ritchie, S. 120. Bialuschewski gibt folgende Version des Ereignisses: »Eine Gruppe von vierzehn Piraten hatte vermutlich im Suff beschlossen, ein Duell um ihre gesamte Beute auszutragen. Nachdem die Beteiligten alle ihre Wertsachen auf einen Haufen gelegt hatten, bildeten sie zwei Gruppen zu jeweils sieben und begannen vor versammelter Mannschaft einen Kampf auf Leben und Tod. Am Ende überlebten nur zwei Männer von einer Partei mit blutverschmierten Säbeln das Gemetzel und teilten die Beute unter sich auf. Die den Seeräubern eigene Mischung aus Trunkenheit, Gier und Draufgängertum trieb manchmal wahnwitzige Blüten.« Bialuschewski, S. 90 f.

[25] Kinkor in Roder, Abenteurer, S. 97.

[26] Zitiert bei Renate Niemann in Roder, Abenteurer, S. 67.

[27] Selzer in Grieb/Todt, S. 128 f.; in einer Fußnote weist Selzer auf »Parallelen zu Söldnern zu Lande« hin.

[28] Fox, S. 152; vgl. S. 191 »the accumulation of riches was the ultimate goal« und S. 21: »their motive was gain«.

[29] Treinen, S. 86 und 91. Siehe dazu auch das weiter unten zu Gewalt- und Beutegemeinschaften Gesagte.

[30] Grieb/Todt, S. 299.

## Von der Piraterie verursachte ökonomische Schäden

[1] Anderson in Pennell, S. 95.

[2] In Pennell, S. 82–106. Pennells Reader enthält die wichtigsten Beiträge zur Ökonomie der Piraterie.

[3] Anderson in Pennell, S. 82.

[4] Anderson, l. c., S. 93.

[5] Anderson, S. 100, Anm. 13.

[6] Englischsprachiges Original: The Better Angels of Our Nature. Why Violence Has Declined. New York 2011.

[7] Anderson, S. 85.

[8] Anderson in Pennell, S. 86.

9   Libertalia, S. 168, Meves beruft sich auf Franz Bönis »Piraterie und Markt-
    wirtschaft. Beitrag der Piraterie zur Schaffung einer Marktwirtschaft
    und Entwicklung späterer Wettbewerbsbedingungen«. Konstanz 2008,
    der für die »moderne Zeit« immerhin vier Phasen auflistet, in denen
    »sich die Piraterie aufgrund ihres beträchtlichen Aufkommens derart
    auf Handel und Schifffahrt aus(wirkte), dass sie zu einem Problem für
    Kaufmannseliten und Regierungen wurde« (Böni, S.12). Und nicht nur
    für Eliten und Regierungen, sondern für zahlreiche in Produktion und
    Handel Beschäftigte und davon Abhängige – und über die Preise gerade
    für die Ärmeren!

10   Zit. nach Konstam, S. 285.

11   Nach Heller-Roazen, S. 64.

12   Mitchell, S. 26.

13   Abulafia, Mediterranean, S. 194.

14   Abulafia, a. a. O., S. 441 und 440.

15   Konstam, S. 27.

16   Anderson, S. 87.

17   Ebenda, S. 87 f.

18   Courtinat, S. 48.

19   Zit. nach Bono, S. 184. Man lese dort das einschlägige Kapitel »Überfälle
    auf europäische Küsten«, S. 184–200.

20   Nach Kempe, Fluch, S.282.

21   Nach Kraska, S. 27. Zu den Tributzahlungen der europäischen Länder,
    darunter Hamburg, an die Barbareskenstaaten s. Courtinat, S. 44 und 74.

22   Colley, S. 105.

23   Kraska, S. 29.

24   Bohn, S. 69.

25   Marx in Le Bris, S. 252.

26   Marx in Le Bris, S. 256 und 270.

27   Rediker, Villains, S. 9, 33, 34 f., 35, 216, Anm. 38.

28   Colley, S. 46.

29   Woodard, S. 4.

30   Wiese, S. 149. Neben dem IMB liefern auch das Schifffahrtsbüro der Inter-
    nationalen Handelskammer (ICC), der Pirateriebericht der Bundespolizei
    See und das Bundesministerium der Verteidigung einschlägige Informa-
    tionen.

31   Zit. nach Handelsblatt vom 28. Juli 2020.

32   Wiese, S. 151.

33   Wiese, S. 151.

34  Kempe, Fluch, S. 205, 199. 203, 206.

35  In Pennell, S. 107–124. Peter T. Leeson erklärt dagegen: »Pirates were
    clearly organized criminals and yet were not primarily in the business of
    providing services to anyone« – wie z. B. die Mafia – »other than their
    members.« S. 105].

## Piraten in den intereuropäischen Kriegen und als Speerspitze während der Kolonialisierung und imperialistischen Eroberung

1   Gallant in Josiah McC. Heyman (ed.): States and Illegal Practices. Oxford
    1999, S. 25. S. auch die Conclusion.

2   Bialuschewski, Piratenleben, S. 11.

3   Liedl in Obenaus, S. 110 f.

4   Ritchie, S. 15.

5   Kempe, Fluch, S. 358 f.

6   Bohn, S. 20, 21, s. auch S. 27.

7   David Childs, Pirate Nation. Elizabeth I and her Royal Sea Rovers. Barns-
    ley 2014, S. 4, 6, 51.

8   Bohn, S. 351; vgl. Kempe, Piraten, S. 5.

9   Roder, Verbrecher, S. 8.

10  In Grieb/Todt, S. 15. Laut Kempe »werden seit dem so genannten See-
    völkersturm im östlichen Mittelmeer um etwa 1200 v. Chr. immer wieder
    verschiedene Völker genannt, die insgesamt vorrangig vom Seeraub leb-
    ten. Gezählt werden dazu etwa in der Antike die griechischen Phokaier
    oder die Kiliker aus Kleinasien«. Kempe, Piraten, S. 15 f.

11  Derks, S. 58 und 62.

12  Grieb/Todt, S. 90.

13  Bohn, S. 11 f., 12.

14  Kempe, Fluch, S. 180 f. Siehe dazu auch E. Schmitt, S. 403: »Freibeuter,
    *privateers* und Kaperfahrer galten im 17. Jahrhundert als ein selbstver-
    ständliches, probates und bewährtes Mittel zur Vor- und Wegbereitung der
    Erweiterung ökonomischer wie politischer Einflußsphären. Um eigene
    Handelsstützpunkte und Kolonien in der Karibik zu gewinnen, schickte
    ab 1685 auch das kurfürstliche Brandenburg eigene Kaperfahrer über den
    Atlantik.«

15  Snelders, S. 159; vgl. Roder, Verbrecher, S. 9–11, und Kempe, Fluch, S. 146:
    »Die militärische Politik Ludwigs XIV. beinhaltete die Rekrutierung von

Bukanier- und Flibustierverbänden zur Verteidigung, Verstärkung und Konzentration regulärer Truppen.« S. dort auch S. 148.

[16] Bohn, S. 51. Siehe Bohns Biographie Morgans auf den Seiten 51–57.

[17] Exquemelin, S. 192. Von David Abulafia (»The Boundless Sea«, S. 775) ist zu erfahren, dass Morgan dreist genug war, gegen Exquemelin wegen dessen Biographie Morgans eine Verleumdungsklage anzustrengen – und zu gewinnen! Einschließlich einer Entschädigungssumme in Höhe von 400 Pfund.

[18] Bohn, S. 58.

[19] Zit. nach Napoléon Gallois: Les Corsaires français sous la République et l'Empire. Le Mans / Paris 1847, S. 22 f.

[20] Mitchell, S. 160 f. und 164.

## Piraten als Teil staatlicher Gewalt

[1] Siehe auch Philipp Batelka u. a. in Winfried Speitkamp (Hg.): Gewaltgemeinschaften in der Geschichte. Entstehung, Kohäsionskraft und Zerfall. Göttingen 2017: »Söldner haben und hatten einen schlechten Ruf.« S. 83.

[2] Snelders, S. 88.

[3] Mitchell, S. 65 f.

[4] Nach Heller-Roazen, S. 58 und 107: »Eine Zeitlang waren angeheuerte Seeleute in der maritimen Kriegsführung etwas ganz Selbstverständliches. Griffith hat bemerkt, dass schon in hellenistischer Zeit ›mit stillschweigendem Einverständnis ihrer Führer Piraten als Söldner benutzt werden konnten und wurden‹«.

[5] Janice E. Thomson: Mercenaries, Pirates and Sovereigns. State Building and Extraterritorial Violence in Early Modern Europe. Princeton 1994, zitiert nach Pinker, S. 356 f.

[6] Thomson, S. 41.

[7] Zur Multinationalität von Heer und Marine in Europa 1600–1800 siehe vor allem die Seiten 28–32.

[8] Rediker, Villains, S. 8, 9, 17: »antinational, multinational in origin, multiethnic, ((die Piraten)) maintained a multicultural, multiracial, and multinational social order«. Schon der Titel »Villains *of all Nations*« ist ja Programm. (Seltsamerweise vermeidet es Rediker in seinen Texten sorgfältig, Werke, Dokumente etc. auch nur einer anderen Sprache als der englischen anzuführen. Man vergleiche das mit der geradezu ehrfurchtgebietenden Vielsprachigkeit von Michael Kempes Quellen.) »L'entreprise qui les ((die Piraten)) unissait transcendait les liens de nationalité et de religion.

( … ) cette tolérance presque sans limites«, heißt es bei Kinkor, in Le Bris, S. 102.

9  www.kriegsreisende.de/neuzeit/soeldnerleben.htm
10 Thomson, S. 42. Man vergleiche die Zahlen S. 22–26.
11 Thomson, S. 23.
12 Thomson, S. 43, 107 f., 43, 107.
13 Ebenda, S. 43 und 42.
14 Alejandro Colás, Bryan Mabee: Mercenaries, Pirates, Bandits and Empires. Private Violence in Historical Context. London 2010, S. 3 ff. S. dazu auch Josiah McC. Heyman, »States and Illegal Practices«, Oxford 1999.
15 Speitkamp, S. 38 f.
16 Horst Carl, Hans-Jürgen Böhmelburg (Hgg.): Lohn der Gewalt: Beutepraktiken von der Antike bis zur Neuzeit. Paderborn 2011.
17 Ormerod, S. 157 f.
18 Wolfgang Reinhard: Die Unterwerfung der Welt. Globalgeschichte der europäischen Expansion 1415–2015. München 2016, S. 443.

## »Viva la muerte!« – Piraten und (proto-)faschistische Schmierenkomödianten

1  Libertalia, S. 107.
2  Kempe, Piraten, S. 60.
3  Rediker, Devil, S. 278 f.; s. auch ausführlicher Rediker, Villains, S. 164–168.
4  Siehe die Abbildung bei Rediker, Devil, S. 280, oder Villains, S. 167.
5  Rediker, Villains, S. 13 f., S. 8, S. 5.
6  *Wikipedia* »Totenkopf (Symbol)« und »SS-Division Totenkopf«. Wolfgang Schmidt, Der Totenkopf der Husaren – eine umstrittene Tradition. (posted on 3. Juli 2017).
7  Rediker, Villains, S. 168.
8  Rediker, Villains, S. 169; S. 149–151; Snelgrave nach Rediker, a. a. O., S. 151.
9  Umberto Eco: Über Gott und die Welt. München 1985.
10 Nach Helmut Niemeyer: »Viva La Muerte. Spanisches und Deutsches über Leben und Sterben«, in Frankfurter Hefte 10, 1984, 45 f. S. dort auch Unamunos mutige und würdevolle Antwort, die ihm sein Rektorat kostete.
11 Konstam, S. 242, Snelders, S. 194.
12 Captain Johnson, S. 88.
13 Mitchell, S. 134, und Woodard, S. 322.

14  Captain Johnson, S. 194 und 170 f.

15  Snelders, S. 194 f.

16  Mitchell, S. 40.

17  Siehe weiter oben S. 18.

18  Kuhn, S. 162, 163, 164, 158.

19  Friedrich Nietzsche: Jenseits von Gut und Böse. In: Kritische Ausgabe, Bd. 5. München 1994, S. 205 f.

20  Kuhn, a. a. O.

21  Giovanni Marizza: »Quando la pirateria era made in Italy. Il volto sconosciuto di Gabriele D'Annunzio«, in l'Occidentale, 12 Marzo 2011.

22  Marc Reichwein: »Als Gabriele D'Annunzio den Faschismus erfand«, Die WELT, 4.4.2019.

23  Johannes Saltzwedel: »Nackte Helden für den Duce. Exzentriker-Kommune von Fiume 1919«, SPIEGEL-ONLINE 11.9.2019; siehe auch Marc Tribelhorn, »›Das Beste des Faschismus stammt von mir‹: Wie Gabriele d'Annunzio den Diktator Mussolini inspirierte«, NZZ vom 23.12.2019, und Alberto Volpi: »I raiders autorizzati del mare«, in Doppiozero, 3.7.2011.

24  Nach Aleksandar Jakir: Der Blick auf Gabriele D'Annunzio nach dem Ersten Weltkrieg von der östlichen Adriaküste. www.bib.irb.hr./datoteka/1046922

25  Nach Jakir, a. a. O.

26  Pirates – Culture and Style, S. 286 und S. 196.

# Der Mythos lebt

1  Nach Rode in Rode, Verbrecher, S. 5. Siehe dort auch die Abbildung des Pokals.

2  Nach Dirk Meier in Obenaus, S. 77. Generell zu Störtebeker und den ihm gewidmeten Orten, Werken etc. der Wikipedia-Artikel »Klaus Störtebeker«.

3  Nach Dirk Meier in Obenaus, S. 77.

4  Nach Markus Lorenz im Weser-Kurier vom 9.3.2016.

5  Roder in Roder (Hg.): Katalogbuch zur Ausstellung »Piraten, Herren der Sieben Meere«. Bremen 2000, S. 40 und 20; Obenaus, S. 57, S. 66 f., S. 77.

6  Wikipedia, »Kurt Barthel«.

7  Zeit Online vom 15.1.2019.

8  De Souza, S. 20 und 21.

9   Abulafia, Mediterranean, S. 63 f., s. auch S. 645.
10  Ormerod, S. 71 f.
11  Barbara Tuchmann nach Pinker, S. 75.
12  Pinker, S. 130 und 427.
13  Pinker, S. 1010.
14  Kris Lane: Pillaging the Empire. Global Piracy on the High Seas, 1500–
    1750, 2nd Edition. New York / London 2016, S. XIII.

# Bibliographie

David Abulafia: The Great Sea. A Human History of the Mediterranean. London 2012.

Ders., The Boundless Sea. A Human History of the Oceans. o. O. 2020.

Julia Angster: Erdbeeren und Piraten. Die Royal Navy und die Ordnung der Welt 1710–1880. Göttingen 2012.

Frank Bardelle: Freibeuter in der Karibischen See. Zur Entstehung und gesellschaftlichen Transformation einer historischen »Randbewegung«. Münster 1986.

Arne Bialuschewski: Piratenleben. Die abenteuerlichen Fahrten des Seeräubers Richard Sievers. Frankfurt/New York 1997.

Ders., Daniel Defoe, Nathaniel Mist, and the »General History of the Pyrates« on JSTOR (March 2004). www.J.Stor.org/stable/24295828.

Ders., »Black People under the Black Flag. Piracy and the Slave Trade on the West Coast of Africa, 1718–1723«, in: Slavery and Abolition, Vol. 29, No. 4, December 2008, pp. 461–475.

Andreas Blauert, Gerd Schwerhoff (Hgg.): Kriminalitätsgeschichte. Beiträge zur Sozial- und Kulturgeschichte der Vormoderne. Konstanz 2000.

Bömelburg, H.-J., s. Horst Carl.

Franz Böni: Piraterie und Marktwirtschaft. Beitrag der Piraterie im westlichen Mittelmeer zur Schaffung einer Marktwirtschaft und Entwicklung späterer Wettbewerbsbedingungen. Konstanz 2008.

Robert Bohn: Die Piraten. München 2007.

Giuseppe Bonaffini: Un mare di paura. Il Mediterraneo in età moderna. Caltanisetta-Roma 1997.

Salvatore Bono: Piraten und Korsaren im Mittelmeer. Stuttgart 2009.

J. S. Bromley: »Outlaws at Sea, 1660–1720. Liberty, Equality, Fraternity«, in: Frederick Krantz (ed.) History from Below. Studies in Popular Protest and Popular Ideology. Oxford 1988 (zuerst 1987 in Bromleys »Corsairs and Navies«, 1660–1760).

B. R. Burg: »Legitimacy and Authority. A Case Study of Pirate Commanders in the 17th and 18th Centuries«, in: The American Neptune. A Quarterly Journal of Maritime History, 1977, vol. xxxvii.

Captain Charles Johnson, s. A General History of the Robberies and Murders of the Most Notorious Pyrates. New York/London 1972 (zuerst 1724).

Horst Carl und Hans-Jürgen Bömelburg (Hgg.): Lohn der Gewalt. Beutepraktiken von der Antike bis zur Neuzeit. Paderborn 2011.

David Childs: Pirate Nation. Elizabeth I and her Royal Sea Rovers. Barnsley 2014.

Stephen Clissold: The Barbary Slaves. Lanham 1977.

Alejandro Colás and Bryan Mabee: Mercenaries, Pirates, Bandits and Empires. Private Violence in Historical Context. London 2010.

Linda Colley: Captives. New York 2002.

Roland Courtinat: La piraterie barbaresque en Méditerranée. XVIe-XIXe siècle. Nice 2003.

William Dampier: Freibeuter 1683–1691. Das abenteuerliche Tagebuch eines Weltumseglers und Piraten. Neu herausgegeben und bearbeitet von Hans Walz. Tübingen und Basel 1970.

Uwe Danker: Die Geschichte der Räuber und Gauner. Düsseldorf und Zürich 2001.

Robert C. Davis: Esclaves Chrétiens, Maitres Musulmans. L'Esclavage Blanc en Méditerranée (1500–1800). o. O. 2006 (englischsprachiges Original: Christian Slaves, Muslim Masters – White

Slavery in the Mediterranean, the Barbary Coast, and Italy, 1500–1800).

Daniel Defoe: Libertalia. Die utopische Piratenrepublik, herausgegeben und eingeleitet von Helge Meves. Berlin 2015.

Heidrun Derks: Gefahr auf See. Piraten in der Antike. Darmstadt 2016.

Alexandre Olivier Exquemelin: Das Piratenbuch von 1678. Nach alten Übersetzungen des Buches »Die amerikanischen Seeräuber«, neu bearbeitet von Reinhard Federmann. Stuttgart 1983.

Edward Theophilus Fox: >Piratical Schemes and Contracts<. Pirate Articles and their Society, 1660–1730. Diss. Univ. of Exeter 2013.

Egon Flaig: Weltgeschichte der Sklaverei. München 2009.

Anna Franchi: Storia della pirateria nel mondo (1. und 2. Bd.) Milano 1952.

Th. W. Gallant siehe Heyman (ed.)

A General History of the Robberies and Murders of the Most Notorious Pyrates. New York & London 1972 (zuerst 1724). (Als Autor ist Daniel Defoe angegeben.)

Volker Grieb und Sabine Todt (Hgg.), unter Mitarbeit von Sünje Prühlen: Piraterie von der Antike bis zur Gegenwart. Stuttgart 2012.

Matteo Guarnaccia: Pirates. Culture and Style. From the 15th century to the Present. Berkeley 2016.

Thomas K. Heeboll-Holm: Ports, Piracy and Maritime Warfare. Piracy in the English Channel and the Atlantic, c. 1280–1330. Leiden / Boston 2013.

Daniel Heller-Roazen: Der Feind aller. Der Pirat und das Recht. Frankfurt 2009.

Josiah McC. Heyman (ed.): States and Illegal Practices. Oxford 1999.

Christopher Hill: Liberty against the Law. London / New York 1996.

Michael Kempe: Piraten. Freiburg 2009.

Ders., Das Fortschreiben einer Legende. Zum Mythos der Historiker vom Piraten als Freiheitsrebell und Sozialbandit. Universität Konstanz, Exzellenzcluster ›Kulturelle Grundlagen von Integration‹, zuerst in der NZZ vom 29.6.2009.

Ders., Fluch der Weltmeere. Piraterie, Völkerrecht und internationale Beziehungen 1500–1900. Frankfurt/New York 2010.

John Kleinen and Manon Osseweijer (Hgg.): Pirates, Ports, and Coasts in Asia. Historical and Contemporary Perspectives. Singapore/Leiden 2010.

Angus Konstam: Piracy. The Complete History. Oxford 2008.

James Kraska: Contemporary Maritime Piracy. International Law, Strategy, and Diplomacy at Sea. Oxford 2011.

Gabriel Kuhn: Life Under the Jolly Roger. Reflections on Golden Age Piracy. Oakland 2010 (dt. Unter dem Jolly Roger. Piraten im Goldenen Zeitalter. Berlin 2011).

Kris Lane: Pillaging the Empire: Global Piracy on the High Seas, 1500–1750. 2nd Edition. New York/London 2016.

Brian Lavery: Shipboard Life and Organisation, 1731–1815. Aldershot. The Navy Records Society 1998.

Michel Le Bris (Hg.): L'aventure de la flibuste. Actes du Colloque de Brest (3–4 mai 2001). Paris 2002.

Peter T. Leeson: »An-arrgh-chy: The Law and Economics of Pirate Organization«, in: Journal of Political Economy, Vol. 115, No. 6 (December 2007), S. 1049–1094.

Devin Leigh: »Review of A General History of the Pyrates by Captain Charles Johnson«, in: The Zamani Reader Febr. 23, 2015.

Libertalia s. Daniel Defoe

Peter Linebaugh und Marcus Rediker: Die vielköpfige Hydra. Die verborgene Geschichte des revolutionären Atlantiks. Berlin/Hamburg 2008.

Ralf Lisch: Totale Institution Schiff (Soziologische Schiften Vol. 20). Berlin 1976.

Gilles Martin (Hg.): Bastions Pirates. Une histoire libertaire de la piraterie. Brüssel 2005.

Giles Milton: Weißes Gold. Die außergewöhnliche Geschichte von Thomas Pellow und das Schicksal weißer Sklaven in Afrika. Stuttgart 2010.

David Mitchell: Pirates. London 1976. (Der deutschen Übersetzung von 1977 – »Piraten. Geschichte und Abenteuer der Seeräuber auf den Weltmeeren« – fehlen die zahlreichen und informativen Illustrationen des englischen Originals.)

Helmut Niemeyer: »Viva la Muerte. Spanisches und Deutsches über Leben und Sterben«, in: Frankfurter Hefte 10 (1984), S. 43–49.

Andreas Obenaus, Eugen Pfister, Birgit Tremml (Hgg.): Schrecken der Händler und Herrscher. Piratengemeinschaften in der Geschichte. Wien 2012.

Henry A. Ormerod: Piracy in the Ancient World. An Essay in Mediterranean History. Liverpool 1924.

Martin Parker: »Pirates and the Uses of History, review of Gabriel Kuhn, Life under the Jolly Roger and Peter T. Leeson: The Invisible Hook«. www.ephemerajournal.org/sites/default/files/10-2parker.pdf

C. R. Pennell: Bandits at Sea. A Pirates Reader. New York 2001.

Eugen Pfister: »Der Pirat als Demokrat: Assassin's Creed IV: Black Flag« – eine Rezension ((eines Computerspiels)), in: Frühneuzeit-Info, Weblog des Instituts für die Erforschung der Frühen Neuzeit (fnzinfo.hypotheses.org), unter >Rezensionen< abgelegt am 03.08.2015.

Steven Pinker: Gewalt. Eine neue Geschichte der Menschheit. Frankfurt 2011. (engl. Original: The Better Angels of Our Nature. Why Violence Has Declined. New York 2011).

Sebastian R. Prange: »Asian Piracy«, in: Oxford Research Encyclopedias. Asian History, September 2017.

Patrick Pringle: Jolly Roger. The Story of the Great Age of Piracy. New York 1953.

Nicholas K. Rauh: Merchants, Sailors & Pirates in the Roman World. Charleston, SC 2003.

Marcus Rediker: Between the Devil and the Deep Blue Sea. Merchants, Seamen, Pirates, and the Anglo-American Maritime World, 1700–1750. Cambridge 1989.

Ders., Villains of All Nations. Atlantic Pirates in the Golden Age. Boston 2004.

Ders., Outlaws of the Atlantic. Sailors, Pirates, and Motley Crews in the Age of Sail. Boston 2014.

Wolfgang Reinhard: Die Unterwerfung der Welt. Globalgeschichte der europäischen Expansion 1415–2015. München 2016.

»Reviews of Marcus Rediker, Between the Devil etc., with a Response by Marcus Rediker«, in: International Journal of Maritime History, Bd. 1, 1989, S. 311–357.

Robert C. Ritchie: Captain Kidd and the War against the Pirates. Cambridge, Mass. 1986.

Hartmut Roder (Hrg.): Katalogbuch zur Ausstellung »Piraten, Herren der Sieben Meere«, Bremen 2000.

Ders., Piraten – Abenteuer oder Bedrohung? Bremen 2002.

Ders., Piraten oder Verbrecher auf See. Bremen 2010.

N. A. M. Rodger: The Wooden World. An Anatomy of the Georgian Navy. London 1986.

Eberhard Schmitt (Hrg.): Indienfahrer 2. Seeleute und Leben an Bord im Ersten Kolonialzeitalter (15. bis 18. Jahrhundert) (Dokumente zur Geschichte der europäischen Expansion, Bd. 7). Wiesbaden 2008.

Wolfgang Seidenspinner: »Der Mythos vom Sozialbanditen«, in: Geschichte in Wissenschaft und Unterricht, Band 49, Heft 11, 1998, S. 686–701.

Peter Sloterdijk: Im Weltinnenraum des Kapitals. Für eine philosophische Theorie der Globalisierung. Frankfurt 2005.

Stephen Snelders: The Devil's Anarchy. New York 2005.

Philip de Souza: Piracy in the Graeco-Roman World. Cambridge 1999.

Winfried Speitkamp (Hrg.): Gewaltgemeinschaften in der Geschichte. Entstehung, Kohäsionskraft und Zerfall. Göttingen 2017.

Janice Thomson: Mercenaries, Pirates, and Sovereigns. State-Building and Extraterritorial Violence in Early Modern Europe. Princeton 1994.

Heiner Treinen: »Parasitäre Anarchie. Die karibische Piraterie im 17. Jahrhundert«, in: Kölner Zeitschrift für Soziologie und Sozialpsychologie, Jg. 33, 1981, S. 50–72.

Eigel Wiese: Piraterie. Neue Dimensionen eines alten Phänomens. Hamburg 2010.

Wikipedia: Geschichte der Piraterie, https://de.wikipedia.org/wiki/Geschichte_der_Piraterie.

Peter Lamborn Wilson: Pirate Utopias. Moorish Corsairs & European Renegadoes. New York 2003.

Colin Woodard: The Republic of Pirates. Being the True and Surprising Story of the Caribbean Pirates and the Man Who Brought Them Down. Orlando 2008.

2022
zu Klampen Verlag
Röse 21 · D-31832 Springe
info@zuklampen.de · www.zuklampen.de

Umschlaggestaltung: Martin Z. Schröder, Berlin
Satz: textformart, Göttingen
Gesetzt aus Arno Pro
Druck: CPI – Clausen & Bosse, Leck

ISBN 978-3-86674-612-1

Bibliographische Information der
Deutschen Nationalbibliothek:
Die Deutsche Nationalbibliothek
verzeichnet diese Publikation in der
Deutschen Nationalbibliographie;
detaillierte bibliographische Daten
sind im Internet abrufbar:
http://dnb.d-nb.de